AF396997

J. POISLE DESGRANGES

LA
PHILOSOPHIE
DU CŒUR

OU

LA SEMAINE ANECDOTIQUE

PARIS.

LIBRAIRIE DE L. HACHETTE ET Cᵉ
RUE PIERRE-SARRAZIN, 14.

1862

PARIS. — IMPRIMERIE DE J. CLAYE
RUE SAINT-BENOIT, 7

LA
PHILOSOPHIE
DU CŒUR

OU

LA SEMAINE ANECDOTIQUE

PAR

J. POISLE DESGRANGES

MEMBRE DE LA SOCIÉTÉ DES GENS DE LETTRES
DE LA SOCIÉTÉ PHILOTECHNIQUE, ETC.

PARIS

LIBRAIRIE DE L. HACHETTE ET Cie

RUE PIERRE-SARRAZIN, 14

1862

A LA MÉMOIRE DE MA MÈRE

AVANT-PROPOS

Un livre dont le titre est bien choisi sait ordinairement parler en faveur de l'auteur, et n'a pas besoin de préface. Le nôtre est l'œuvre du cœur. Il n'a point cherché de grands mots pour plaire; son titre est l'écho de ce qu'il renferme.

J'ai essayé seulement de faire vibrer certaines cordes sensibles du cœur aimant et qui est digne d'être aimé.

La plupart des anecdotes rapportées dans ce volume sont vraies; le bien qu'elles enseignent aux hommes n'est donc pas impraticable. Plus d'un cœur s'y retrouvera dépeint sous sa forme réelle.

La jeune fille pauvre et vertueuse pourra

s'y reconnaître. L'artisan, le vieux soldat, le négociant, le prêtre, la veuve, les enfants, chacun y apparaît sous la bannière du devoir et de la résignation. Ma plume s'est réservé le droit de parler de leur belle conduite; Dieu se chargera de la récompense qui leur est due.

On trouvera peut-être dans ce livre des pages qui reproduisent le nom de ma mère; mais il est si cher à mon cœur, ce nom de mère, que je ne crois pas l'avoir répété trop souvent.

Enfin, si la couleur de quelques-unes de mes pensées paraissait empreinte d'un voile de tristesse, je prierais le lecteur de me le pardonner; car les pensées que j'ai effeuillées dans mes écrits, je les ai, pour la plupart, cueillies sur la tombe de ma mère.

LA

PHILOSOPHIE DU COEUR

ou

LA SEMAINE ANECDOTIQUE

CHAPITRE PREMIER

LUNDI — AZOR

Le philosophe austère nous retrace la vie
comme un fardeau pesant que l'homme doit
supporter avec courage et résignation. Il n'y a,
suivant lui, que des peines ici-bas et fort peu
de plaisirs. Ceux-ci sont tributaires des maux
qui nous affligent journellement. Dès le jeune
âge, il faut donc s'habituer à n'entrevoir que

des jouissances éphémères, pour n'être pas déçu par la peine qui suit toujours de si près le plaisir.

J'avouerai que cette philosophie n'est pas la mienne. Je n'ai pas lu, il est vrai, dans les livres qui l'enseignent; mais j'ai su me passer d'une science factice, en puisant la vraie science au fond de mon cœur. Pour moi, il y a plus de jours heureux que de jours néfastes. Tout mon secret consiste à savoir mettre à profit le temps, et à écouter les échos des sentiments secrets qui me guident instinctivement vers le bien. La conscience est un régulateur que tout homme possède, lorsqu'il ne l'a pas brisé dès l'enfance. Ce régulateur s'affermit avec l'âge, et il est pour nous d'un grand secours, quand nous n'agissons qu'après l'avoir consulté. On peut donc avec lui se donner des jours de bonheur; mais sans lui, que de maux nous attendent! Notez bien que nous sommes le plus souvent les auteurs de nos peines, et que les chagrins qui nous assiégent sont, pour la plupart, les grains noirs que nous avons semés

dans le champ que nous parcourons. Lorsque
ces grains noirs ont pris germe, il n'est plus
possible alors de les déraciner un par un.
L'herbe croît à vue d'œil ; elle nous barre le
chemin. Nous sommes obligés de dévier de la
route que nous nous étions d'abord tracée, et,
fatigués d'un voyage pénible, qui nous a menés
loin du but que nous n'avons pas su atteindre,
nous tombons au bord d'une fosse qui reçoit
notre corps, et se recouvre bientôt de cette
même herbe qui, tout en nous dérobant aux
regards des passants, semble nous condamner
à un oubli éternel.

L'homme qui a su utiliser les heures pré-
cieuses du temps, et qui ne s'est pas créé
d'ennuis par sa faute, ne regrette, au moment de quitter la vie, que la tâche qu'il
laisse à ses successeurs, et qu'il n'a pas pu
remplir entièrement. Cette tâche, c'est celle du
travail joint à la bienfaisance. Car il faut, pour
que le travail égaye nos jours, que nous soyons
en tout temps l'ami de nos semblables, et que
notre philosophie, portée à l'indulgence, n'ait

jamais de reproches à faire aux êtres impar-
faits avec lesquels nous sommes nés pour vivre
et mourir. Nos défauts ne sont-ils pas frères,
et nos joies ne sont-elles pas sœurs? Les peines
d'autrui, pouvant nous atteindre, doivent savoir
nous toucher. Les pleurs d'un frère malheureux ne coulent pas au bord de sa paupière
pour qu'une main secourable ne vienne pas les
essuyer.

La douce philosophie du cœur consiste à
faire une étude approfondie de toute chose
pour affermir notre foi dans la conscience humaine et dans la morale, sans avoir pour cela
recours à la froide critique qui assombrit les
plus beaux effets et les meilleurs tableaux. Un
philosophe doit s'attacher à rechercher les
grandeurs de l'Éternel dans le chêne altier
comme dans la feuille timide qui est suspen-
due à la branche de l'arbre orgueilleux. Le
brin d'herbe cache un ciron qui, tout ainsi que
nous, se réjouit sous les rayons bienfaisants
du soleil. Le grain de sable, avec le temps, se
façonne et s'arrondit au bord du ruisseau qui

le berce dans son eau limpide et fugitive.
L'opale semble nous offrir les reflets de l'arc-
en-ciel. Les métaux brillent, et le verre scin-
tille. Tout captive notre attention lorsque
nous savons nous livrer à l'étude de la nature, cette mère si riche et si féconde, qui,
toujours belle, doit nous plaire sans art et
sans parure. L'homme qui voit clair a deux
yeux pour observer tout un monde. Celui qui
pense voit deux mondes à la fois : le ciel et la
terre. Il ne peut pas, à la vue des merveilles
qui frappent de tous côtés ses regards, nier
l'existence de l'auteur invisible qui les a créées.
Je ne reconnais point de philosophes parmi
ceux qui n'approfondissent rien, et qui se laissent aller au courant de la vie, sans regarder les
bords fleuris de ce fleuve que nulle barque au
monde ne peut remonter. Sachons donc jouir
du présent. Que notre cœur simple et candide
se laisse aller à ses doux élans de tendresse et
de bonheur. L'innocence et l'abandon donnent
plus de jours heureux que les sentiments nourris par une froide réserve. L'avenir n'effraye

pas l'homme sage. C'est un ciel bleu qu'il entrevoit au-dessus de sa tête calme et résignée. C'est l'étoile bienfaisante qui le guide vers le bien. On ne craint pas la puissance de Dieu, lorsqu'on se prosterne chaque jour devant elle pour l'admirer. La vraie religion consiste dans les bienfaits que nous savons répandre et dans nos soins assidus à éviter de commettre de lâches actions.

J'étais un jour plongé dans ces réflexions sérieuses, et je me promenais paisiblement le long du canal de Paris, vers l'entrée du faubourg du Temple, sous les peupliers tremblants, qui semblaient frémir encore de tous les suicides qu'ils avaient vus s'accomplir le soir dans ce lieu désert, lorsque je vis marcher à grands pas un homme qui, descendant sans doute du faubourg, se dirigeait vers le canal.

Il avait le teint livide et les yeux troublés par la boisson alcoolique qu'il avait absorbée le matin à la barrière. Sa démarche était celle d'un homme animé par un mauvais dessein, et que rien ne saurait déranger.

Je l'examinai attentivement, et j'aperçus derrière lui un petit chien roux à poil ras, qui le suivait silencieusement, jusqu'au moment où cet homme, ayant franchi la chaîne qui se prolongeait alors sur les bords du canal, s'arrêta à quelques pas de moi.

Ma présence ne parut pas le gêner. Elle semblait au contraire l'encourager dans la résolution qu'il avait prise. S'étant baissé à terre, il appela son chien qui se tenait à distance, ne sachant guère ce que son maître avait prémédité. Au mot d'Azor, suivi d'un sifflement aigu, le chien comprit qu'il devait obéir. Il s'approcha lentement, l'oreille basse et la queue entre les pattes; puis son maître sortit une corde de la poche de sa veste, et se mit à chercher sur la berge une pierre assez forte pour qu'elle pût entraîner au fond de l'eau l'animal au cou duquel il voulait l'attacher.

J'avais deviné la coupable intention de cet homme, et les apprêts du supplice qu'il allait faire subir à son chien me glaçaient les sens.

— Est-il possible, me disais-je en moi-même, que l'on soit assez barbare pour se défaire lâchement d'un animal docile qui se soumet à la mort sans le moindre sentiment de révolte! Cet homme n'a pas de cœur; sans cela il renoncerait à l'attentat qu'il va froidement commettre.

. Je caressais le chien au bord de l'eau, tandis que le maître cherchait la pierre fatale. L'animal fut sensible au témoignage de mes regrets. Tout à coup l'homme revint; il avait trouvé ce qu'il désirait.

Je l'abordai poliment; mais il put lire sur mon visage que j'étais peiné de sa résolution. Je hasardai quelques observations, auxquelles il fit des réponses peu satisfaisantes, notamment celle-ci : que son chien n'avait pas d'âme à sauver.

— D'après ce que l'on nous enseigne, les bêtes n'ont pas d'âme, je le sais, lui dis-je alors; mais, pour nous, qui voyons plus loin que l'instinct naturel des animaux, n'y a-t-il pas faute de notre part, si ce n'est un crime,

à disposer de la vie d'un chien qui ne nous a.
point offensés?

— Ah! je ne puis disconvenir du fait, s'écria
l'homme en suspendant un instant les apprêts
de l'exécution. Azor ne m'a jamais causé que
de la joie; mais que voulez-vous qu'on fasse d'un
animal, quand on manque de pain pour soi et
sa famille? Je suis un pauvre ouvrier que la
révolution de 1848 a ruiné. J'ai voulu vendre
Azor à un marchand de chiens; il n'a pas con-
senti à l'acheter, et je me suis décidé à conduire la malheureuse bête au canal pour l'y
noyer.

— Votre action, mon ami, vous laisserait
des regrets, une fois accomplie, et elle serait
d'un coupable exemple pour ceux qui verraient
flotter sur l'eau le corps de votre chien. Re-
noncez à votre dessein affreux, je vous en conjure. Si vous manquez réellement du nécessaire, et que ce soit la misère qui vous ait
suggéré l'idée de vous débarrasser d'Azor, je
vous propose de payer sa rançon, si toutefois
l'animal consent à me suivre.

— Azor est jeune. Il ira partout avec vous,
à l'aide de cette corde. Emmenez-le; j'accep-
terai ce qu'il vous plaira de me donner à titre
de charité.

Je tirai trois francs de ma bourse, et l'ouvrier les contempla dans sa main.

— Trois francs! exclama-t-il avec joie. Voilà
du pain pour plus de trois jours à la maison.
Ma femme et mes enfants vous béniront de
votre générosité. Quant à ma reconnaissance,
elle vous appartient avec Azor.

Je n'ai pas l'âme noire, croyez-le bien,
monsieur; la nécessité seule m'avait dicté de
mauvais projets. Ah! si jamais je vous rencontre, je serai heureux de revoir mon cher
Azor, qui ne peut manquer d'avoir un bon
maître. Adieu, monsieur! prenez-en bien soin,
je vous prie; Azor est rempli de qualités... En
disant ces mots, l'ouvrier parut ému. Il flatta
son chien, qui le regarda tristement s'éloigner.

— Voilà bien le cœur humain, me dis-je,
quand l'homme fut parti. On se croit fort dans

le crime. On se monte l'imagination pour l'accomplir, et la moindre remontrance nous abat et nous ramène à de meilleurs sentiments. Ah! pourquoi les gens disposés à commettre le mal n'ont-ils pas toujours près d'eux une main prête à les arrêter au bord de l'abîme? La voix de Dieu ne pourrait-elle parler? Hélas! cette voix est la plupart du temps étouffée dans le sein du malfaiteur. Il aime mieux suivre son penchant que d'écouter sa conscience lorsqu'elle l'accuse secrètement de faire le mal.

Pour moi, j'étais heureux de mon action, et je marchais fièrement en entraînant Azor, qui, peu satisfait de son sort, ne se doutait pas que j'étais son libérateur.

Il me suivait contraint et forcé par la corde qui tirait péniblement son collier. Dès que je m'en aperçus, je pris le parti de porter l'animal sur mes bras, sans me préoccuper du dégât qu'il pouvait faire à ma toilette.

Arrivé chez moi, mon premier soin fut de me procurer des bribes de mon dîner de la veille, et de faire une bonne pâtée, bien grasse et bien pétrie, à l'hôte dont le destin venait de me confier les jours.

La pâtée était faite à point; mais Azor n'y toucha pas. Il se contenta de la flairer avec dédain; puis il se retira tristement dans un coin de la chambre, et se mit à hogner. Je crus qu'il avait soif; je m'empressai de lui verser de l'eau dans une tasse. L'animal se rafraîchit un peu le bout de la langue, en lapant deux ou trois fois; mais il revint bientôt reprendre sa posture suppliante, et, s'asseyant sur ses pattes de derrière, il se tint sur celles de devant, en tournant les yeux vers la porte d'entrée. Je vis qu'il pleurait.....

J'avais eu la précaution de lui donner un oreiller. La douce chaleur de ce coucher ne tenta pas le chien affligé, qui lui préféra la fraîcheur du carreau de ma chambre. Je prodiguai mille caresses à Azor. Je lui offris un morceau de sucre. Rien ne parut lui plaire.

— Qu'avait-il à pleurer? — Sa liberté sans doute. — Non, Azor pleurait son maître. Ses yeux me le disaient humblement, et ses soupirs prolongés promettaient une longue tristesse.

— Pauvre animal ! lui dis-je, tu n'as pas d'âme, et cependant les émanations de ton cœur sont celles des gens sensibles. Tu pleures, tu soupires, et tu refuses toute nourriture, en l'absence de ton premier maître. Se peut-il que ton souffle soit celui d'un être privé de réflexion ? Se peut-il que tes souffrances ne soient pas celles d'un cœur blessé dans ses affections ? Si tu souffres moralement, si ton cœur saigne, pourquoi ne serais-tu pas au-dessus de certains individus fiers d'avoir une âme sensible, et dont il ne s'échappe aucun sentiment ? L'âme ne s'annonce que par les élans sympathiques qui la font comprendre et pressentir, tout impalpable qu'elle soit ; mais si le diamant, qui se nomme tel, ne jette aucun feu, je conclus que ce diamant n'est autre qu'un caillou.

Heureux l'homme qui prend pour guide de ses bonnes inspirations les élans spontanés des animaux doués d'un naturel aimant et d'une sensibilité à toute épreuve ! Il doit rougir de ses actes, si, contrairement aux lois de la nature, il

quitte ses proches ou ses amis, sans leur laisser
des regrets vivement exprimés. Il n'y a rien de
plus pénible au monde qu'une séparation, et je
compris celle qu'Azor était forcé de subir. Je le
plaignis... Ma plainte lui parut plus touchante
que mes caresses familières. Mes yeux en regardant les siens s'étaient voilés. Je ne sais ce
qui me portait à la tristesse; je versai pourtant
une larme d'attendrissement, peut-être au souvenir de la mort affreuse à laquelle Azor avait
échappé. Mais quel fut mon étonnement, quand
je sentis les deux pattes du chien s'appuyer sur
mon épaule, et sa langue brûlante me lécher le
front et les tempes !

Ce mouvement instinctif me fit faire de
nouvelles réflexions à l'appui de mon opinion
qu'un sentiment de l'âme peut être compris par un être que nous taxons d'inferio-
rité, et que le bien comme le mal a son étin-
celle de communication.

Je surveillai la santé d'Azor pendant les premiers temps de sa captivité, et lorsque je fus
certain qu'il s'était attaché à moi, je lui fis faire

de petites excursions le matin avant d'aller à
mon bureau, et le soir en revenant de mes occupations.

Il fallait voir comme il me faisait fête à
mon retour. Il mettait doucement sa tête entre
ses pattes, comme s'il eût voulu provoquer
un éternument de plaisir ; puis il sautait,
gambadait, en me comblant de ses caresses.
Quand nous étions prêts à sortir ensemble, il
se lançait joyeusement de côté, et ses dents sai-
sissaient le bout de sa queue avec laquelle il
tournait... il tournait sans cesse, jusqu'au moment où, épuisé de fatigue, et ne pouvant se
maintenir dans cette position, il lâchait prise,
comme tant d'ambitieux qui courent après des
honneurs qui leur échappent.

Si, par suite du mauvais temps, mon invitation à sortir se changeait contre un ordre de
garder la maison, Azor prenait tristement son
parti. Il sautait sur le fauteuil où son oreiller
l'attendait, et, après s'être retourné dans tous
les sens pour mieux choisir la place où il voulait dormir à son aise, il s'affaissait molle-

ment dans le duvet jusqu'au lendemain **matin**.

Six mois s'étaient écoulés depuis l'aventure du canal, lorsque je fis une promenade du côté du bois de Romainville, en m'acheminant par les prés Saint-Gervais.

C'était par une belle soirée d'été. La journée avait été brûlante, et les derniers feux du soleil rougissaient l'horizon lointain. Après avoir marché quelque temps, je me dirigeai vers une des buttes dominant le village de Pantin. Je m'assis sur un tertre couvert de mousse, pour admirer de loin les effets radieux du soleil couchant. Je planais sur une étendue immense où j'apercevais les cheminées gigantesques de différentes usines. Elles m'apparaissaient comme autant d'obélisques se dressant fièrement dans l'espace. L'ouverture de plusieurs carrières à plâtre se dessinait près de moi, et la fumée d'un four allumé m'indiquait qu'au fond du ravin où il était situé la journée des travailleurs n'était pas encore terminée. Les uns étaient sans doute occupés à fouiller le sol; les autres charriaient le moellon de plâtre pour l'exposer à la chaleur

du four et opérer sa cuisson. J'admirais la route
de Pantin, qui serpentait au bas de la côte, et
je voyais non loin de là le petit cimetière de La
Villette, resserré dans ses murs étroits, et au-
dessus d'eux quelques urnes funéraires qui
m'invitaient à la prière du soir.

J'élevais mon âme à Dieu, tandis que le vent
frais de la plaine rafraîchissait doucement mon
front découvert. Mon chapeau était sur l'herbe
à ma droite, et près de lui se trouvait Azor,
mon fidèle Azor, que j'avais placé en senti-
nelle.

Soudain le chien grogna... Je détournai la
tête et j'aperçus, dans les taillis derrière moi,
un homme qui, semblable au lézard, rampait
pour me surprendre.

Avait-il intention de m'appréhender au corps
ou de m'enlever seulement mon chapeau? c'est
ce que j'ignore. Mais, averti par mon chien, je
me relevai promptement en mettant la main
sur la canne dont j'étais muni, et l'homme
disparut en serpentant sous les feuillages qui
l'avaient abrité.

Je voulais remercier Azor du service qu'il venait de me rendre; il ne m'en donna pas le temps. Satisfait de ma prompte défense, l'animal se mit en devoir, de son côté, d'inquiéter le voleur, en aboyant sur ses talons.

J'avais perdu la trace d'Azor, et je me disposais à le rappeler, car il y avait déjà quelques instants qu'il était loin de moi, lorsque je le vis revenir avec quelque chose de blanc à la gueule. Ce n'était rien moins qu'un beau pigeon qu'il rapportait, comme s'il eût été un véritable chien de chasse.

Où avait-il surpris l'oiseau? je ne pus le lui demander; mais je vis dans les yeux du chien qu'il paraissait joyeux de le déposer entre mes mains. Ma première idée fut de m'assurer si le pigeon était encore en vie. Azor ne fit aucun effort pour le retenir. Je pris sans plus tarder le pigeon, et je reconnus qu'il n'avait nullement souffert des crocs du chien. Sa robe n'était point tachée, et le frémissement de ses ailes m'indiquait assez qu'il attendait que je lui rendisse la liberté.

Azor me regardait attentivement, et moi je contemplais le pigeon.

Son œil perlé me reflétait la douceur d'un oiseau inoffensif, mais tourmenté par une peine secrète. Son cœur battait fortement dans ma main, et ses petites pattes roses auraient bien voulu trouver un point d'appui pour m'échapper. Son tourment faisait ma préoccupation, et je songeai en ce moment à la fable des deux pigeons, — à l'absence, qui est le plus grand des maux...

Ce pigeon, me dis-je, a un frère ou une colombe qui l'attend. Il aime et doit être aimé. Ne brisons pas son existence, en le retenant plus longtemps prisonnier.

— Pars! m'écriai-je, pars vers le toit qui doit t'abriter cette nuit, et ne folâtre plus en route, de peur d'accident.

A ces mots, j'ouvris les deux mains, et le pigeon s'éleva dans l'air, au grand étonnement du chien qui le regarda s'envoler vers la plaine.

Azor était friand des os de volaille. Il s'était léché d'avance le coin du museau, en m'apportant de quoi dîner. Il savait que je ne m'en payais pas souvent, et que le mets était de nature à me tenter. Mais je n'avais pas eu la moindre idée de sacrifier le pigeon à mon appétit. Azor dut se résigner à n'avoir ce soir-là que sa pâtée ordinaire, faite de pain mouillé et d'un peu de bœuf bouilli. Toutefois, j'ai lieu de penser que sa philosophie n'en fut pas chagrinée. D'ailleurs, d'autres événements vinrent réparer cet échec, en lui faisant oublier le pigeon.

Il était sept heures du soir; nous regagnions le logis. En passant dans la grande rue de Belleville, en deçà des fortifications, je vis, à la porte d'un menuisier, des caisses à fleurs. L'idée me vint d'en marchander une, et, si le prix me convenait, de la faire placer sur ma fenêtre, afin de pouvoir jouir à Paris du bonheur de me croire à la campagne, en cultivant sous mon toit quelques plantes d'agrément.

Je traversai la rue pour me diriger du côté de la boutique du marchand; mais quelle fut ma surprise, quand je vis Azor entrer là les yeux baissés comme s'il allait chez lui !

Je le suivis jusqu'au fond de la boutique, et il me mena dans une arrière-salle, où le menuisier était attablé avec sa famille.

En voyant l'animal, l'ouvrier poussa une exclamation de joie, et Azor sauta sur ses genoux pour le caresser. Après l'avoir léché, il mangea familièrement dans son assiette.

J'allais punir Azor de sa témérité, lorsque je reconnus dans ce menuisier l'homme que j'avais vu au canal du faubourg du Temple.

M'ayant fait asseoir près de lui, il me parla ainsi :

— Ah ! monsieur, que je suis heureux de vous revoir ! Vous m'avez amené Azor ! Sa visite me cause autant de plaisir que la vôtre m'honore. Ce pauvre Azor ! je l'ai bien regretté depuis six mois ; car ma position s'est améliorée, et je serais assez riche pour le nourrir. Le commerce a repris, et mes petites affaires sont en bon chemin. Ma femme travaille à blanchir le linge, et mes enfants vont à l'école.

Je n'avais plus rien à désirer, si ce n'est la présence d'Azor.

Touché du bon accueil du menuisier, je ne refusai pas le verre de vin qu'il m'offrit poliment pour me rafraîchir, dans la crainte de le désobliger ou de lui donner à croire que je m'estimais au-dessus de lui. Une seule chose m'occupait, je l'avoue ; je craignais que l'ouvrier ne voulût ravoir son chien. Pour qu'il ne m'en fît pas la demande, j'allai au-devant de son désir, en lui proposant de lui rendre Azor, malgré tout l'attachement que je ressentais pour le bon animal, qui m'était devenu dévoué.

— Vous avez dû m'en vouloir, dis-je au menuisier, de vous avoir privé d'un compagnon qui vous aimait et que vous semblez regretter vivement. Je me suis reproché plus d'une fois de vous l'avoir enlevé. Je devais venir à votre secours, sans vous prendre l'animal que vous aviez élevé. Le chien est l'ami du pauvre ; je vous ai privé d'un consolateur.

— Du tout, monsieur, je vous ai approuvé, répondit gravement l'ouvrier. Vous avez ac-

compli le devoir d'un homme de bien, en retirant Azor de mes mains.

Ne pouvait-il pas se faire que, dans l'état de
surexcitation où je me tróuvais, j'abusasse de
votre bonté, en sacrifiant définitivement le chien
que vous m'auriez laissé? Il était plus prudent
d'agir comme vous avez su le faire. J'ai voulu
noyer Azor, et l'intention, dans ce cas, doit être
réputée pour le fait. Vous avez, du reste, ôté de
devant mes yeux un animal dont l'aspect m'aurait rappelé chaque jour ma mauvaise action.
Elle me fait rougir, quand j'y songe.

Si vous saviez, monsieur, à quel point je fus
coupable envers mon chien, vous ne me par-
donneriez pas l'attentat que j'ai commis. Pour-
rai-je vous en raconter les circonstances?

Oui, l'homme ne doit pas craindre d'avouer
sa faute, dès l'instant qu'il n'y retombe plus.
Sachez donc que, pendant longues années, j'ai
été un ami zélé de la fête de saint Lundi, et qu'il
m'arrivait fréquemment de revenir à l'atelier
dans un état qui n'indiquait ni ma sobriété ni
la solidité de mes jambes.

Un certain soir, j'étais ivre, je dois dire le mot, et je revenais de La Villette, en suivant en zigzags le chemin raboteux du canal.

J'avais imprudemment franchi la chaîne qui aurait pu me servir de rempart, et je trébuchai dans le bassin, à la hauteur de la rue des Récollets.

Azor me suivait pas à pas. Il n'avait bu que de l'eau, et mon état paraissait l'inquiéter.

En me voyant tomber, j'ai su qu'il avait poussé de tels hurlements qu'un passant qui l'entendit s'arrêta. Le chien le conduisit près de moi, au moment où je revenais sur l'eau, et le passant put me tendre sa canne à laquelle je me cramponnai. Je fus bientôt hors de danger. Je dus donc mon salut au désespoir du chien et à l'empressement qu'il mit à appeler quelqu'un à mon secours; car je ne sais pas nager, et j'aurais infailliblement péri. Aussi, fis-je le serment à Azor de ne plus m'adonner à la boisson, dans le but de me punir et de lui prouver ma reconnaissance.

Malheureusement, les revers que j'éprouvai

en 1848 ramenèrent mes anciennes habitudes. Qui a bu boira, dit le proverbe, et je me gardai bien de le démentir.

C'est dans un nouvel accès d'ivresse que je conspirai contre les jours d'Azor. J'eus la cruauté alors de vouloir détruire le chien qui m'avait sauvé la vie.

Sans vous, monsieur, sans vos justes représentations, je commettais le crime qu'Azor semble avoir généreusement oublié, en me caressant aujourd'hui...

Le récit achevé, je crus devoir renouveler ma proposition.

— Reprenez donc votre chien, dis-je au menuisier, puisque ce chien vous reconnaît après une séparation assez longue, et que l'amitié semble vouloir renouer les liens qui existaient entre vous.

— N'insistez pas, monsieur, dans votre offre, ajouta l'ouvrier; je ne puis plus me dire l'ami d'Azor. Il lui est permis à lui, l'excellent animal, de ne pas me garder rancune; mais moi, je ne dois pas effacer de ma mémoire que j'ai trahi le serment que je lui avais fait de ne plus me livrer aux excès de vin. Puis-je oublier que j'ai essayé d'être le bourreau de mon bienfaiteur? — Non ! — J'ai brisé moi-même les liens qui pouvaient m'attacher au fidèle animal que vous possédez maintenant.

Qu'il reste toujours avec vous. Sa conscience est à l'abri de tout reproche, tandis que la mienne m'accuse d'avoir été coupable.

L'ingratitude n'habitera jamais dans son cœur, et le mien lui a donné entrée. Nous ne sommes donc plus égaux à ce point de vue; nos amitiés seraient en désaccord.

Aimez Azor, monsieur, aimez-le comme j'aurais dû l'aimer moi-même. Il vous apprendra à vous consoler de l'ingratitude des hommes, parmi ceux que vous pourrez obliger sur la terre.

Quant à moi, je conserverai toujours dans mon cœur un sentiment de reconnaissance envers vous. Pour ma conduite actuelle, je puis vous assurer qu'elle a déjà effacé quelque chose de ma conduite passée...

Je n'avais pu entendre les paroles sages de l'ouvrier sans attendrissement, et je lui serrai affectueusement la main.

En partant, je lui commandai de m'apporter la caisse dont j'avais besoin, et lorsqu'il vint me la livrer, il eut le plaisir de revoir Azor pour lequel il me construisit plus tard, sur ma demande, une petite niche en bois de chêne.

L'habile ouvrier est toujours resté à mon service, et je prends souvent plaisir à écouter sa conversation philosophique ; mais, hélas ! comme moi, il a dû pleurer la perte d'Azor ; car la niche est veuve depuis plusieurs années.

CHAPITRE II

MARDI — MA VOISINE HENRIETTE
ET SON GRAND-PAPA

Du contact d'une pièce d'or et d'une pièce d'argent retenues dans le même porte-monnaie, il arrive que l'une donne des reflets dorés à l'autre. De même, lorsque nous fréquentons une société choisie, il est rare que nous n'en tirions pas quelque avantage. La distinction s'acquiert auprès des gens distingués, et nous pouvons retirer une foule d'enseignements de la conversation des hommes de bien.

Il ne faut pas se dissimuler toutefois qu'il

y a des natures tellement pures et tellement bonnes qu'il serait difficile de leur ressembler.

On ne peut que les admirer.

Cependant on doit être fier de les connaître pour les apprécier à leur juste valeur, d'autant mieux que les natures d'or dont il s'agit produisent toujours de fortes impressions sur l'homme réfléchi.

La maison du faubourg du Temple où je demeurais, à l'époque où j'avais mon fidèle Azor, m'a laissé des souvenirs aussi honnêtes qu'agréables.

Je me rappelle d'abord que, dans cette maison, où je gravissais au fond de la cour trois étages pour retrouver mon modeste logement, mes fenêtres prenaient jour sur une étendue de terrain assez vaste. Ce terrain était divisé en petits jardins d'agrément, dont les locataires de la maison avaient l'entretien et la jouissance. Quant à moi, la modicité du prix de location de mon logement ne me donnait pas droit à l'un de ces jardinets. J'en avais la vue ; mais il ne m'était pas permis d'y descendre pour m'y promener.

Leur aspect différent, tant pour la forme que pour la disposition des allées, me rendait juge, du haut de mon toit, de la bizarrerie du goût de certaines gens.

Leurs idées fantasques me semblaient être en harmonie avec la multitude de fleurs plus ou moins singulières que la nature se plaît à reproduire. Mais je me suis toujours contenté de voir chaque jardin sans convoitise, et sans lui jeter un regard de dédain.

C'était un bonheur pour moi que de respirer le doux parfum des œillets et des roses, que le vent du soir m'apportait galamment et sans rétribution. Je restais des heures entières à ma croisée, les deux bras sur la barre d'appui, me livrant à l'abandon de moi-même, ou à quelque rêve philosophique.

Je possédais d'ailleurs un jardin dont j'étais l'unique propriétaire, et cela explique pourquoi je n'étais pas envieux de celui d'autrui. Il suffisait que je prisse place à la fenêtre de ma cuisine, pour me trouver à l'instant sous un berceau couvert de volubilis, de capucines et de haricots d'Espagne. Là, je pouvais me rendre compte du progrès de chacune de mes plantes, et calculer combien il faut de temps pour que la graine d'une capucine sorte de terre et donne naissance à du feuillage et à des fleurs.

La caisse où végétaient mes plantes grimpantes était fort rapprochée d'une fenêtre contiguë à la mienne, et où il y avait un berceau de cobéas; de sorte que mes haricots d'Espagne, en serpentant sur l'autre berceau, avaient permis aux cobéas de s'étendre aussi de mon côté.

C'est ainsi que s'établissent les liens d'un bon voisinage.

Lorsque j'arrosais la plate-bande de mon jardin, il m'arrivait parfois de porter mes regards vers la fenêtre tapissée de cobéas, et j'apercevais une main blanche et délicate, qui offrait aux plantes qu'elle avait élevées les mêmes soins que je pouvais donner aux miennes.

Cette main blanche était celle d'une personne de vingt-cinq ans environ, qui occupait avec son grand-père le logement dont la porte d'entrée donnait sur mon palier. Ma voisine, près de laquelle je demeurais depuis six mois, était une blonde assez jolie. Sa mise était celle d'une modeste ouvrière. Elle ne perdait d'autre temps que celui qu'elle consacrait à la culture de son jardinet.

Je fus longtemps sans la voir et sans pouvoir lui parler; car elle était peu causeuse de sa nature.

Voici à quelle occasion je fis sa connaissance.

J'avais remarqué que, tous les matins, Azor trouvait, dans une assiette déposée près de ma porte, des menus restes qui lui étaient destinés. Mon chien, habitué à cette politesse, ne manquait jamais de m'inviter à lui donner passage, vers l'heure où il était certain de pouvoir se régaler. Sans doute qu'il connaissait aussi la personne bien intentionnée à son égard, et qu'il savait la remercier; car il n'oubliait pas de gratter à la porte de ma voisine, afin de s'in-

troduire chez elle. Lorsqu'il en sortait, il était
rare qu'il ne rapportât pas un petit morceau de
sucre ou de biscuit, qu'il avait ménagé pour le
manger devant moi.

Certain jour, je surpris la main mystérieuse
qui déposait à ma porte le déjeuner d'Azor, et
je reconnus que c'était celle que j'avais vue
sous le berceau de cobéas. Un sourire de part
et d'autre acheva de confirmer la chose, et, à
partir de ce jour, nous pûmes nous engager
dans une conversation qui n'a rien de compro-
mettant entre voisins honnêtes qui savent se
respecter.

Notre salut amical était ordinairement suivi
d'une courte dissertation sur la pluie ou le
beau temps, et nous suivions en cela la coutume de tous les gens et de tous les pays du
monde.

Un matin, cependant, il nous arriva de parler
de la loterie, et sur la proposition que je fis à
ma voisine de prendre un billet en faveur
d'une œuvre de bienfaisance, avec la perspective de lots gagnants dont le plus élevé

pouvait atteindre le chiffre de quarante mille francs, elle tira un franc de sa bourse, et me chargea de lui choisir un billet, en me priant de vouloir bien le conserver avec celui que je prendrais pour mon propre compte.

Pour satisfaire au désir de ma voisine, j'entrai dans la première boutique où j'aperçus des billets de cette loterie, et je me procurai deux numéros au hasard. Ma voisine eut le choix dans les deux billets que je lui apportai le même jour, et je l'engageai à prendre note du numéro qu'elle remarquerait.

— La précaution me paraît inutile, dit-elle, j'ai bonne mémoire, et je retiendrai facilement le numéro que j'ai en ce moment sous les yeux; au surplus, je m'en rapporte parfaitement à vous, en cas d'oubli de ma part. Voici le billet que j'ai choisi.

Je serrai les deux billets dans mon portefeuille, après avoir eu la précaution de placer en dessous celui qui m'était réservé.

— Maintenant, dis-je à ma voisine, implo-ons mutuellement la chance en notre faveur.

— Oh! oui, exclama-t-elle avec joie; car si je gagnais un lot, ne fût-il que de cinq cents francs, je me donnerais de bien grandes satisfactions.

— Je suis moins modeste que vous, répliquai-je. Comme il ne m'est jamais arrivé de gagner à la loterie, il ne me coûte pas de faire des souhaits ambitieux. Je désire gagner le lot de quarante mille francs, ne fût-ce que pour avoir le droit de faire à mon tour des heureux.

— On peut en faire avec moins, reprit ma voisine, dont le teint paraissait vivement coloré. Si j'avais cinq cents francs, répéta-t-elle avec animation, ah! monsieur! je serais plus heureuse que la reine d'Angleterre, si riche et si puissante qu'elle soit.

En disant ces paroles, ses deux mains s'étaient jointes avec grâce, et je remarquai que son sein palpitait. Il y avait dans son regard tant de joie et de vérité candide que je ne pus m'empêcher de la questionner sur l'emploi qu'elle ferait de sa fortune.

— Avec cinq cents francs, me dit-elle en

tirant doucement la porte d'entrée sur elle, je pourrais reprendre un livret à la caisse d'épargne, et placer la somme que j'ai été obligée de retirer, il y a deux ans, pour subvenir aux frais de maladie de bonne maman, et à ceux que j'ai dû faire pour le service de son modeste convoi et de son enterrement. Il me resterait alors cent francs. Pauvre bonne maman! je l'ai bien pleurée, et je vais souvent sur sa tombe. Je remplacerais la croix de bois qui s'y trouve par une pierre tumulaire, et, si je calcule bien mes dépenses, il me serait facile de faire à grand-papa la surprise d'une belle demi-douzaine de chemises à devants piqués, d'une belle pipe en écume de mer, et d'une provision de tabac.

— C'est fort bien, dis-je alors; mais je vois que, parmi ces douces satisfactions, vous vous êtes complétement effacée.

— Moi, ajouta-t-elle, je n'ai besoin de rien. Une vieille fille n'a que faire de songer à elle. N'est-elle pas toujours certaine de pouvoir se suffire? D'ailleurs je ne suis point coquette, et mon bonheur se complaît dans celui de mon grand-père, auquel j'ai voué mon travail et mon existence.

— Se peut-il que vous fassiez abnégation de vous-même à ce point? Quoi! rien ne vous tente?

— Si fait! J'oubliais de vous dire que je suis un peu gourmande, et que j'ai songé plus d'une fois au jour où mes moyens me permettraient de fêter le mardi gras. Du temps de bonne maman, on allumait un grand feu dans l'âtre, et on faisait des crêpes. Elles étaient si légères et si bien faites, que j'y songe toujours, peut-être en souvenir de bonne maman.

Ma gourmandise se bornerait à en manger de pareilles, si le sort me favorisait.

Un sourire effleura mes lèvres; car je trouvai que l'ambition de ma voisine était fort innocente.

Je rentrai chez moi, en lui souhaitant le lot qui pouvait contribuer à la réalisation de ses projets...

Nul ne doit ignorer les lois de son pays, et

nous sommes trop bons Français pour ne pas connaître les nôtres.

Avant de lire nos codes, je savais, mon père me l'avait appris, qu'un dépôt est sacré, et qu'il nous impose des obligations sérieuses. Or, j'étais devenu le dépositaire du billet de loterie de ma voisine, et, ce billet m'étant confié, je devais m'entourer de toutes les précautions désirables pour ne. pas l'égarer. Mon portefeuille l'abritait, il est vrai; mais ne pouvait-il pas arriver qu'en retirant des papiers je dérangeasse l'ordre des deux billets?

Dans la crainte aussi de perdre mon portefeuille, et pour n'avoir plus de préoccupation à cet égard, je résolus d'insérer les billets dans l'un des livres de ma bibliothèque, et de les y laisser jusqu'au jour du tirage de la loterie.

Nous étions arrivés au mois de mai, et le tirage devait avoir lieu dans le mois de février de l'année suivante. C'était donc neuf mois à attendre pour connaître le résultat d'une loterie, à laquelle je ne m'intéressais du reste qu'en raison de son but de bienfaisance.

Je pris en conséquence les deux billets, en ayant soin de respecter, bien entendu, celui que ma voisine avait placé le premier, et, sans m'occuper de leurs numéros, je les mis au milieu d'une Bible assez volumineuse, que le libraire Furne avait éditée avec luxe, en 1846.

— Les voilà en sûreté, dis-je en fermant le gros livre; nous pouvons maintenant dormir tranquillement comme eux.

Le temps s'écoula sans doute beaucoup plus vite que je ne l'avais pensé; car, un beau matin, je fus fort étonné d'apprendre, de la bouche de ma voisine, que notre loterie était tirée depuis le quinze février.

— Vous rappelez-vous votre numéro? lui demandai-je.

— Hélas! répondit-elle, je dois confesser, en dépit de ma bonne mémoire, que j'ai complétement oublié ce numéro; mais peu importe, si vous avez pris la peine de mettre de côté le billet que j'ai choisi.

— Ils sont restés tous deux ensemble, répliquai-je ; mais le vôtre est le premier ; s'il est porteur d'une bonne nouvelle, je me ferai un plaisir de vous l'annoncer.

Nous nous quittâmes les meilleurs amis du monde, et je remarquai dans les yeux de ma voisine une confiance si noble et si désintéressée, que je fus heureux de pouvoir constater qu'il existe encore des personnes dont la loyauté se fie à celle des autres.

On vendait la liste de la loterie ; je me la procurai. Rentré chez moi, j'ouvris ma bibliothèque, j'en sortis ma Bible, et je la feuilletai vivement.

Le mouvement fut trop précipité sans doute ; car l'un des billets sortit du livre, et je ne pus le saisir qu'au vol.

Son numéro frappa tout naturellement mes regards ; je le rapprochai de ma liste, et je reconnus qu'il était porté sur cette liste pour un lot de cinq cents francs.

Un sentiment de satisfaction brûla mes veines qu'il parcourut deux ou trois fois ; mais il fit tout aussitôt place à une réflexion semblable par l'effet à une goutte d'eau froide sur un front chauve.

— Insensé! m'écriai-je; avant de te réjouir de ton lot, sais-tu dans quel ordre se trouvait le billet qui s'est échappé de ce livre? Ne serait-ce pas celui de ta voisine, et le billet perdant que tu regardes en ce moment ne serait-il pas le tien?

Ma Bible était ouverte; je jugeai qu'elle devait m'inspirer en cette circonstance, et cherchant dans son sein le mot de l'énigme que Dieu seul connaissait, mes yeux s'arrêtèrent au chapitre des Proverbes de Salomon. Je lus le verset 24, ainsi conçu :

« Les uns donnent ce qui est à eux et sont toujours riches; les autres ravissent le bien d'autrui et sont toujours pauvres. »

Il ne m'en fallut pas davantage pour éclairer ma religion.

— Non, dis-je précipitamment en fermant le livre saint. Non, je ne ravirai pas le bien d'autrui, sous prétexte que j'ai pu gagner à la loterie. La fortune ne m'a jamais favorisé. Le sort

m'a toujours été contraire à tous les jeux, et je
dois en conclure que, s'il se trouve aujourd'hui
un billet gagnant entre mes mains, ce billet ne
m'appartient pas. J'aime mieux devenir riche
en ne possédant rien, que d'acquérir un bien
dont je puis me contester à moi-même la lé-
gitimité.

Je me retraçai ensuite la joie que j'allais
causer à ma voisine, en lui annonçant une nouvelle inattendue, et, pour ne pas retarder cette
joie d'un instant, je courus lui remettre le billet
gagnant.

Parmi les jouissances que l'on peut éprouver
sur la terre, il y en a une bien grande, à mon
avis; c'est celle d'être témoin du bonheur de
ses semblables, et d'avoir pu y contribuer en
quelque chose.

Le bonheur de ma voisine fut une espèce
d'extase impossible à décrire. Son ravissement
était tel qu'il ne lui eût pas été permis de prononcer une parole. Il y avait des pleurs et des
ris mêlés à sa voix.

— Ah! mon Dieu! s'écria-t-elle, quand elle

fut remise de son émotion. Se peut-il que j'aie
gagné un lot de cinq cents francs? Mes vœux
vont donc être exaucés! Je pourrai faire de
nouvelles épargnes, après avoir songé à bonne
maman. Grand-père aura les chemises et la
belle pipe que je veux lui donner. Juste ciel!
que je suis heureuse! C'est à en mourir de
plaisir... Et la pauvre fille pleurait en me serrant affectueusement les deux mains, comme si
j'eusse été réellement son bienfaiteur.

Puis elle ajouta :

— Dans huit jours, c'est le mardi gras; si
grand-père y consent, nous nous réunirons
pour manger des crêpes, en mémoire de bonne
maman.....

Quelques jours s'étaient écoulés depuis cette
promesse, lorsque je reçus par la poste une
lettre ainsi conçue :

« Monsieur,

« Je suis aveugle, et je n'ai pas osé me présenter chez vous, pour vous remercier de la
bonté que vous avez eue de conserver précieu-

sement le billet de loterie qui a contribué à notre petite fortune. Henriette a reçu hier la prime de cinq cents francs. Nous vous attendrons mardi soir, pour célébrer en famille la fête des jours gras.

« Veuillez nous faire l'honneur de ne pas refuser l'invitation de votre tout dévoué voisin.

« DUMONT. »

Il me fallait cette lettre pour connaître le nom de mon vieux voisin et de son aimable fille. Je ne m'en étais pas préoccupé, depuis que je demeurais près d'eux. Il me suffisait de savoir que j'avais de bons voisins, pour m'estimer heureux. Cependant j'étais doublement satisfait depuis que je pouvais les désigner par leur nom, et il me semblait que je devais les aimer davantage.

Les conditions dans lesquelles l'affable vieillard m'avait adressé sa lettre ne me permettant pas de refuser l'invitation qu'elle contenait, je lui fis savoir que je l'acceptais.

Le mardi gras venu, j'endossai mon habit de soirée, je mis ma chaussure vernie, et mon chapeau ayant été bien brossé, je pus me présenter chez mes voisins.

Je heurtai doucement à leur porte. Mlle Henriette accourut aussitôt, en tenant à la main la poêle dans laquelle gémissait encore une crêpe qui aurait pu brûler, si elle avait été abandonnée sur le feu.

Je fis à ma voisine un salut qu'elle accueillit avec grâce; puis elle m'introduisit dans une chambre modestement meublée, où le feu pétillait joyeusement dans une petite cheminée. Un trépied assez élevé avait été disposé au milieu du foyer pour recevoir la poêle. Mlle Henriette, m'ayant offert un siége, me demanda la permission de continuer sans cérémonie la tâche qu'elle s'était imposée.

En entrant, j'avais aperçu M. Dumont, qui se tenait à l'écart dans un vieux fauteuil recouvert de velours d'Utrecht; mais dès qu'il m'entendit, il se leva pour me souhaiter le bonsoir. Je lui donnai la main, et je me disposais à lui dire quelques paroles agréables en le priant de se rasseoir, lorsqu'il prit l'avance sur moi pour

me faire un compliment flatteur sur l'empressement que j'avais mis à répondre à son invitation.

—Voilà bien les gens âgés! dis-je à part moi.
Ils ont toujours la supériorité sur les jeunes
gens. Leur savoir n'est jamais en défaut, et leur
politesse née avant la nôtre ne se laisse point
surprendre.

Le vieillard portait toute sa barbe. Elle était
blanche, ce qui lui donnait un air vénérable. Il
baissait les yeux, sans doute pour cacher le
triste état de sa vue; mais son attitude ne manquait point de noblesse.

J'avais un plaisir indicible à contempler
M. Dumont, et je regardais aussi Mlle Henriette,
qui se donnait un soin vigilant pour faire glisser
de belles crêpes hors de la poêle. La flamme,
qui montait le long des parois de la cheminée,
projetait de vives clartés sur le visage du vieillard et sur celui de la jeune fille qui me parut
charmante.

—Si je possédais le pinceau de Greuze, dis-je
à mon voisin, je serais tenté de retracer votre

paisible intérieur. Il ne manquerait rien à mon tableau, pas même le doux contentement du cœur que vous paraissez éprouver.

— Oui, je suis heureux, répondit le vieillard! Et qui ne le serait pas à ma place? Je possède une fille dévouée, dont le travail prolonge mes vieux ans. Elle pourvoit à tout dans la maison, et elle sait se priver du nécessaire pour moi. Ce linge fin que vous me voyez, je le dois à Henriette; c'est elle qui m'a fait la surprise d'une belle demi-douzaine de chemises. Aussi je compte bien les ménager...

— Jusqu'au mariage de Mlle Henriette, ajoutai-je.

— En ce cas, elles dureront longtemps, répliqua celle-ci.

— Et pourquoi cela, petite? demanda vivement M. Dumont.

— Vous savez bien, grand-papa, que j'ai fait vœu de mourir vieille fille, pour ne point vous abandonner.

— C'est vrai; mais après moi, il faudra pourtant bien que tu changes d'opinion.

— L'avenir, je ne le connais pas, reprit-elle; il ne m'appartient pas de le dévoiler; mais du présent chacun de nous peut rester maître, lorsqu'il s'agit de tenir un serment pour être utile à sa famille.

— Peut-être, osai-je dire, votre cœur n'a-t-il pas encore parlé? et s'il se présentait pour vous un parti avantageux...

— Je le refuserais, comme je l'ai déjà fait, se hâta de répondre Mlle Henriette. Le sentiment du devoir doit toujours l'emporter sur celui des convenances.

Que deviendrait grand-père, si je me mariais? En perdant ma liberté, il pourrait se faire que lui perdît son indépendance. D'ailleurs, la fortune d'un étranger ne peut me sourire, puisque mon travail de la semaine suffit aux besoins de grand-père. Mon cœur parlerait aujourd'hui que je l'engagerais à se taire. Il m'arrive parfois de faire des réflexions sur la destinée des mères de famille, et je ne regrette pas les douceurs du ménage.

Je me dis en moi-même : Si je m'étais mariée,

j'aurais pu avoir un fils qui serait devenu toute
ma joie. Il aurait eu *toute* ma sollicitude et
toute ma tendresse. Mais, à vingt ans, peut-être
que le sort l'eût arraché de mes bras, pour le livrer à la bouche du canon. Perdre le fils que l'on
a élevé à grand'peine ; savoir qu'il peut mourir
au loin et ne pouvoir racheter sa vie, quelle
douleur pour une mère, et combien elle doit
maudire la guerre ! Est-il un impôt plus lourd au
monde que celui que la conscription fait peser
sur le cœur des pauvres mères ? Pour moi, je
n'aurais jamais pu consentir à me séparer de
mon fils. S'il eût fallu tout mon sang pour le
sauver, je l'aurais donné pour épargner le sien.

En disant ces mots avec énergie, Mlle Henriette donna une violente secousse à la poêle
qu'elle tenait au-dessus des flammes, et la crêpe
dorée qu'elle s'apprêtait à retourner roula dans
les cendres et parmi les charbons ardents.

— Voilà, s'écria-t-elle en nous regardant,
voilà l'image de la guerre, qui renverse d'un
seul coup toutes nos espérances. Livrons ce que
nous avons de plus cher au feu, et il détruira

sans pitié la plus belle crêpe aussi bien que le plus bel enfant blond.

— N'insulte pas, ma fille, aux malheurs de la guerre, dit paisiblement le père Dumont. La guerre, tu ne la connais pas; tu ne l'as vue qu'en peinture. Moi, j'ai été à même de la voir, et le feu de l'ennemi a brûlé de près mes moustaches. J'ai connu les revers de la guerre, et j'ai été témoin de ses désastres, à une époque où la gloire de la France s'est éteinte faute d'hommes, mais non faute de courage.

J'ai servi sous Napoléon Ier, et je ne regrette pas le temps de mes services; il m'a laissé de profonds souvenirs.

La guerre offre sans doute des tableaux bien affreux; mais c'est un grand désordre accomplissant de grandes choses.

Je la considère comme un mal nécessaire.

Un souverain sage et prudent ne doit jamais la provoquer; mais il ne lui est pas toujours facile de l'éviter. Il est donc permis, sans aimer la guerre, de savoir la respecter. C'est elle qui rétablit les trônes ou qui brise les sceptres orgueil-

leux. La guerre a des remparts et des boucliers
pour la défense du toit paternel et pour le maintien de nos droits. La guerre s'arme contre ceux
qui veulent outrager notre religion. Elle travaille
à la consolidation des principes de l'honneur, et
elle défend celui de la famille. A l'armée, on ne
doit pas dire : chacun pour soi; mais chacun
pour tous. Le soldat n'a pas que sa vie à défen-
dre. Il est le défenseur de son pays. Sa tâche
devient noble, du moment où il est fier de la
remplir. Quant à celui qui succombe en bravant
le danger, il laisse, je le sais, des regrets derrière lui; mais en laisserait-il à ses parents, à
ses amis, si ceux-ci devaient l'accuser d'avoir
déserté son drapeau? La guerre est née avec
les hommes; elle vivra autant qu'eux. Il serait
préférable, à tous égards, qu'ils s'entendissent.
Ils sont frères, et l'Évangile le répète souvent;
mais deux frères ne s'accordent pas toujours, et
les hommes, je le suppose, suivent forcément la
marche de la nature, qui ne permet pas qu'un
accord parfait règne sur la terre. Les oiseaux, à
l'approche du mois de mars, ne nous montrent-

ils pas l'exemple d'une guerre opiniâtre ? Les échos du bocage ne retentissent-ils pas de cris discordants? Et si, fatigués du tumulte, nous regardons à nos pieds, c'est pour y voir deux fourmis se disputant la charge d'un vermisseau que chacune veut emporter. Il y a peu d'êtres sur la terre qui soient exempts d'un sentiment de révolte.

La guerre est donc, en certains cas, un acte de justice, de partage ou de réparation.

— Je comprends parfaitement vos observations, objecta Mlle Henriette ; mais la guerre ne porte pas toujours avec elle une réparation ou une récompense pour tous les hommes. La croix d'honneur, par exemple, ne rend pas un bras au militaire qui l'a perdu en combattant. Quant à celui qui, comme vous, grand-père, a eu la chance de ne subir aucune amputation, on ne lui donne point la récompense que méritent ses services. Voilà la réparation ou plutôt le résultat de la guerre.

— Enfant! tu parles sans réflexion. Le militaire qui, comme moi, n'a que peu souffert

des balles de l'ennemi, doit s'applaudir de
son destin, sans convoiter les honneurs que ses
frères ont achetés de leur sang. D'ailleurs, il
ne faut pas servir son pays en vue d'une récompense. N'est-ce pas une miséricorde de Dieu
que d'avoir pu franchir héroïquement un champ
de bataille, où l'on a vu tomber, hélas! ses compagnons d'armes sans autre honneur que celui
d'être morts en braves? La croix d'honneur,
ma fille, n'est pas la récompense de tous ceux
qui l'ont méritée. Une action d'éclat y donne
droit sans doute. — Mais est-on toujours en position de l'accomplir? — Non. Le sort, favorable
aux uns, prend plaisir à tenir les autres à l'écart.
On n'est pas maître en toute rencontre de se dis-
tinguer. L'animation dans le combat fait autant
de braves qu'il y a de combattants. S'il fallait
rendre complétement justice à la bravoure militaire, l'étoile de l'honneur décorerait tous
les uniformes de l'armée française...

On ne peut donc décemment prodiguer la
décoration, et voilà, chère Henriette, le motif
pour lequel il se trouve parfois quelque vieux

grognard sans ruban rouge. S'il se plaint de cet oubli, ce n'est point un homme. S'il est réellement philosophe, il se console en pensant que la modestie, en pareil cas, est un chevron de plus ajouté à ceux qui rendent compte de ses services.

Il s'enveloppe gravement dans sa large redingote bleue, et, les bras croisés sur la poitrine, comme qui dirait moi en ce moment, il passe sa vie militaire en revue. S'il se rappelle qu'il n'a pas foulé le sol des morts sans prêter une main secourable aux blessés qui s'y trouvaient confondus ; s'il a compris le langage éploré de ces malheureux qui regrettaient moins la vie que la privation d'un père et d'une mère qu'ils pensaient ne plus revoir, et s'il a conduit les pauvres blessés dans les ambulances militaires du camp français, ce vieux grognard-là est content de lui. Il se frappe sur le cœur, en disant à part soi : — Dumont, tu as ta récompense en toi. Tu as servi ton pays, mon brave, c'est bien ; mais tu n'as pas marché fièrement au milieu des vaincus, c'est mieux encore !

On ne gagne pas, il est vrai, la croix d'honneur pour avoir su remplir un devoir d'humanité ; mais il remplace, faute de mieux, un acte de bravoure que l'on regrette de n'avoir pu accomplir.

En achevant ces paroles, une larme mouilla sans doute les cils blancs du vieux militaire ; car il porta la main droite à ses yeux ; mais il la fit retomber tout aussitôt sur sa longue moustache qu'il releva fièrement.

Je ne pouvais qu'approuver la conduite de mon voisin Dumont, et j'admirai sa philosophie.

— Ce n'est donc pas à l'armée, lui demandai-je, que vous avez perdu la vue ?

— Ce malheur m'est arrivé sur mes vieux jours, me répondit-il. Il y a à peu près de cela dix années. Je ne dois pas m'en plaindre ; car j'aurais pu être atteint plus tôt de cécité, en raison de la faiblesse de ma vue, qui datait de l'âge le plus tendre ; aussi je remercie chaque jour l'Éternel de me l'avoir conservée pendant plus de soixante ans.

— Cependant, lui dis-je, vous devez vous

ennuyer dans cette situation pénible? Un aveugle éprouve bien des privations. Outre qu'il n'aperçoit rien de ce qui se passe autour de lui, il doit regretter de ne pouvoir lire ou écrire, suivant ses goûts?

— Aucun chagrin ne m'assiége dans ma position. Je n'ai aucun regret à exprimer.

J'ai perdu la vue bien avant de perdre ma compagne, une femme que j'aimais plus que moi-même! Elle était ma consolation, mon bonheur et toute ma richesse.

Dieu ne m'a point puni en me rendant aveugle, puisqu'il m'a permis de ne pas voir les longues souffrances que ma femme a endurées pendant sa maladie. Je n'ai pas vu les traits de ma compagne s'altérer de jour en jour. Seulement, je me suis rendu compte du dépérissement de son corps, au contact de sa main amaigrie. Je l'ai sentie presser la mienne le jour où ma femme m'a dit : Au revoir!... Pauvre femme, elle m'aimait tant!... Je l'ai vivement regrettée, et je la pleure encore!

Ce qui me charme parfois dans mes tristes

souvenirs, c'est que j'ai toujours dans ma mémoire le portrait de ma bien-aimée. Il est aussi frais pour moi qu'au premier jour où je l'ai connue. Ma femme n'a point laissé de rides devant mes yeux. Sa voix n'a jamais cessé de résonner doucement à mon oreille. Ah! c'est que chez ceux qui se sont voué une amitié durable, le cœur et la voix restent toujours jeunes.

J'aurais tout perdu en perdant ma compagne, si Dieu ne m'avait laissé Henriette pour prendre soin de ma vieillesse. Bonne Henriette! il n'y a pas au monde de créature plus douce et plus aimante que cette chère enfant. Elle a uni sa jeune destinée à mon sort misérable; je serais un ingrat, si je n'étais pas reconnaissant des sacrifices qu'elle fait chaque jour pour moi.

Quand elle a quelques instants de liberté, elle en profite pour me faire d'agréables lectures qui me font oublier l'heure du sommeil, et je passerais volontiers toute la nuit à l'entendre lire, si je ne savais pas que la pauvre enfant a besoin elle-même de repos. Je ne m'ennuie donc jamais le soir.

Dans le jour, je fume tranquillement ma pipe après mes repas. J'y trouve une distraction qui convient à ma solitude. Henriette m'a fait présent d'une pipe en écume de mer. C'est du luxe! Je la conserve pour y fumer le dimanche et les jours de fête. Je suis accoutumé à ma vieille pipe de terre, et je ne veux pas m'en dessaisir; sa pauvreté fait son mérite, et le temps seul l'a façonnée. C'est à elle que je dois la plupart de mes idées philosophiques.

Si je suis mécontent des nouvelles du jour ou de la politique, ma bouffarde semble se complaire avec ma tristesse, et les flocons de fumée qu'elle laisse échapper de son sein sont plus lourds et plus épais; si, au contraire, je suis gai, ma pipe obéit à l'impulsion de mon souffle animé, et elle chasse au loin, comme une locomotive, de longues vapeurs de fumée qui sont annoncées par le bruit léger qui sort de ma bouche, et qui témoignent l'ardeur que je mets à lui donner la puissance et la vie. Ce bruit se marie fort bien à celui que fait de son côté l'aiguille laborieuse d'Henriette.

J'ai, en outre, pour me distraire, le grand livre de mes souvenirs qui est toujours ouvert devant moi; je puis y lire sans yeux et sans lunettes. Après cela, ce n'est pas continuellement dans le même cercle que tournent mes idées, et je n'envisage pas uniquement que le tableau de la guerre.

Je laisse de côté le rôle de général d'armée, pour voir apparaître les phalanges de la société à laquelle j'appartiens, chacune avec sa bannière et les attributs du travail. Certains aveugles, m'a-t-on dit, voient encore assez clair pour ne trouver que des vices et des imperfections à l'espèce humaine. Moi, je soutiens que l'espèce humaine n'a pas dégénéré. Elle est encore, j'ose le croire, remplie de travailleurs zélés qui se vouent au bonheur mutuel.

Bonne et serviable, la société ne refuse pas ce qu'on lui demande, et elle va souvent au-devant des besoins des malheureux. Pourquoi donc l'accuser sans cesse? Ne vaut-il pas mieux, venant à son aide, ouvrir généreusement notre bourse et notre cœur à celui qui souffre? L'artisan refuse-t-il de déposer une aumône dans la main du pauvre qui l'implore? L'artisan est le premier bienfaiteur du pauvre. Que le désœuvré, que le riche agisse comme l'artisan, et il y aura bien des infortunes soulagées. Chaque maison a son toit; mais il n'y a pas sous ce toit qu'une seule nature de bonne. J'en aperçois à chaque étage. Le salon, aussi bien que la mansarde, a ses âmes charitables. Que d'honnêtes ouvrières comme Henriette sacrifient leur existence au soutien de leurs vieux parents!

Que de cœurs d'or au sein de la pauvreté!

Non-seulement j'ai vu jadis ce que j'avance; mais ma position d'aveugle m'a permis de faire aussi des remarques qu'un clairvoyant n'aurait peut-être pas faites.

Ainsi, lorsqu'il m'arrive de descendre dans la rue, et que, muni de mon bâton, je frappe le trottoir pour trouver mon chemin, je suis heureux de reconnaître les bonnes dispositions du passant à mon égard. On se range à mon approche. On me renseigne poliment, si j'ai perdu la trace de ma route, et personne ne m'a jamais trompé. J'ai toujours rencontré aide et assistance en chacun; femmes, enfants, vieillards, semblent me porter le plus vif intérêt. L'autre jour, un petit garçon de dix ans m'a offert sa main mignonne pour m'aider à traverser la rue. Il ne m'a quitté que quand il a eu la certitude que je pourrais me guider sans malencontre.

Le rire, on le sait, est généralement sur les lèvres de quiconque voit tomber son voisin sur le pavé. Une fois, je me le rappelle, je me laissai choir dans la rue; plusieurs personnes vinrent me prodiguer leurs soins empressés. Je fus relevé avec précaution; on m'entoura de prévenances, et je fus reconduit à mon domicile.

Ce qui me causa un certain trouble, une gène peut-être, ce fut d'entendre dire autour de moi: — Ah! le pauvre aveugle! il a dû se blesser en tombant! — Qu'on est à plaindre en pareille position! — Il n'est point de destin plus affreux que celui d'être privé de la lumière...

— Vous le voyez, ajouta mon voisin Dumont,

l'espèce humaine n'est pas méchante, et c'est à tort qu'on voudrait le faire croire à ceux que le malheur accable.

Pour ma part, je n'ai aucun sujet de plainte à former, et je suis satisfait de mon sort, puisque j'ai trouvé des gens qui ont su me secourir.

Les paroles calmes du vieillard m'avaient séduit, et je me sentais heureux, moi aussi, de me trouver près d'honnêtes personnes que je regrettais de n'avoir pas connues plus tôt. Jamais je n'avais rencontré nulle part tant d'abnégation et plus de résignation évangélique que dans la modeste chambre de mes bons voisins.

Mlle Henriette servit les crêpes promises sur une petite table recouverte d'une nappe bien blanche, et nous nous mîmes à les savourer. J'ignore quelles pouvaient être les crêpes que faisait autrefois la bonne maman de ma voisine; mais je puis certifier que celles dont je goûtai m'ont paru délicieuses.

Nous bûmes aussi d'un excellent vin, et, suivant la coutume de nos pères, dont les mœurs valaient bien les nôtres, on choqua doucement son verre avec celui de son voisin.

La soirée fut complète; car M. Dumont était musicien. Il n'en avait pas parlé pour me surprendre sans doute; et, sur la prière de Mlle Henriette, il nous joua un petit opéra de sa composition.

Les airs en étaient jolis et faciles à retenir. Les modulations les plus tendres se mêlaient au chant de l'instrument; c'était l'âme du compositeur qui savait se faire entendre.

Je n'oublierai jamais cette charmante soirée, non plus que l'accueil amical de mon voisin et de son aimable fille. Quant à leur philosophie, elle m'a laissé des impressions que mon cœur a vivement ressenties, et que ma plume n'a pu retracer qu'imparfaitement.

CHAPITRE III

MERCREDI — LE VIEUX MARCHAND OU L'INCONNU

Quand les bourgeons des arbres commencent
à se développer, que le sureau montre sa feuille
hâtive au bord des haies, que le cornouiller
paraît chargé d'une quantité innombrable de
petites immortelles jaunes, et que les buissons
d'aubépine préparent leurs bouquets de ma-
riées aux passants ; quand le penseur cherche
à se réchauffer le corps et l'esprit au doux soleil
du printemps, et qu'il porte ses regards sur la
perspective verte des groseilliers qui redonnent
la vie aux champs naguère ensevelis sous la
neige, l'œil de Dieu apparaît à l'horizon loin-

tain. La nature semble redoubler d'efforts pour obéir aux ordres secrets qu'elle reçoit du ciel, et elle travaille chaque jour à nous offrir quelque présent nouveau.

Les jardins, plus coquets que les champs, se revêtent de manteaux verdoyants. Ils ornent leurs corbeilles de fleurs fraîches et délicates, dont le faible parfum, s'il ne satisfait pas encore notre odorat, attire déjà le bourdon voyageur. Le crocus, sorti de terre avant sa verdure, ouvre son léger calice au soleil, et il le referme le soir au vent froid qui voudrait le flétrir. L'hépatique émaille le sol de fleurettes roses et bleues, en attendant que son feuillage de lierre tapisse l'endroit qu'elle occupe. On voit la primevère pencher humblement sa corolle, et le myosotis se rappeler qu'il doit fleurir près d'elle tous les ans. Et tandis que la violette odorante cache sa modestie sous sa feuille arrondie, la pensée, quoique sombre, relève fièrement la tête, et le velours de ses pétales à moitié ouverts annonce des richesses prématurées.

Quel riant tableau que celui de la nature,
quand elle est parée de ses habits de fête ! Ce
tableau a toujours des charmes inouïs pour
l'homme sage et réfléchi, pour l'homme qui se
complaît à admirer l'ouvrage de Dieu, sans
rien y ajouter et sans en rien retrancher.

Cependant je dois dire que la culture, jointe
à l'industrie, ne peut que donner plus d'ex-
tension à l'accroissement des fleurs; je ne suis
pas l'ennemi de ce progrès.

Il m'arrive fort souvent, pour en suivre la
marche, de faire le matin de longues prome-
nades sur le boulevard du Château-d'Eau, à
l'heure où les jardiniers des environs de Paris
viennent apporter sur le marché un choix de
plantes qu'ils ont abritées tout l'hiver sous les
vitres de leurs serres chaudes.

Il fut un temps où il n'était pas rare non
plus de me rencontrer sur le quai aux Fleurs le
mercredi de chaque semaine. J'aimais à m'asseoir, vers l'après-dînée, sur l'un des bancs
qui entouraient la fontaine paisible où, l'été,
je goûtais la fraîcheur de l'eau et l'agréable

parfum des fleurs disposées en longues ave-
nues devant moi.

J'avais soin de me placer sur le même banc,
à côté d'un bon vieillard qui venait s'y reposer
assez régulièrement, et dont la conversation
ne manquait pas d'attraits. C'était un marchand retiré des affaires, mais qui savait parler
de toute autre chose que de son ancienne profession. Sa modestie, du reste, répondait à un
certain fonds d'instruction qui s'accordait avec
un jugement sain.

Nous étions un jour distraits par quelques
enfants qui jouaient sous nos yeux, lorsque
tout à coup l'un de ces enfants prit à son camarade une toupie que celui-ci était heureux
de lui faire voir.

—Enfant, c'est mal! s'écria le vieux marchand.

Le petit garçon se donna garde d'écouter
l'exclamation du vieillard, et il partit comme
un trait, emportant avec lui l'objet volé. Son
camarade le suivit en jetant les hauts cris;
mais, ne pouvant l'atteindre à la course, il fut

obligé de rebrousser chemin. Nous le vîmes
revenir tout éploré, puis s'asseoir au pied d'un
arbre où il sembla se livrer entièrement à son
chagrin. Mon voisin frappa sa canne sur le sol,
en signe de mécontentement, et je l'entendis
grommeler entre les dents :

— Gustave, vous serez puni de votre méchante action.

— Vous connaissez le petit voleur? lui demandai-je.

— Oui, répondit-il. Il demeure sur le quai
Napoléon. C'est le fils d'honnêtes ouvriers.

Pendant que nous causions sur l'acte indé-
licat qui venait de s'accomplir, et du tort de
certains parents qui laissent vagabonder leurs
enfants sur les places publiques, où ils n'ap-
prennent qu'à se piller les uns les autres, une
scène de vol, d'un autre genre que celui de
Gustave, se passait devant nous à l'étalage de
fleurs d'une revendeuse.

Une dame avait marchandé à cette revendeuse un joli pot de fleurs, rehaussé de son
manteau de papier blanc; mais, le prix lui

ayant paru trop élevé, elle s'était éloignée.

La revendeuse avait alors profité du départ de la dame, pour opérer lestement une substitution de pot, au désavantage de l'acheteuse qu'elle s'était empressée de rappeler. La dame reconnut la supercherie, et ne voulut pas du second pot de fleurs. Il en résulta de grosses injures de la part de la marchande, qui parut satisfaite d'avoir jeté le trouble et la rougeur sur le visage de l'honnête personne qu'elle n'avait pu tromper.

Notre indignation fut à son comble, et je m'apprêtais à faire une dissertation sur la mauvaise foi des marchands en général, lorsque nous fûmes fort étonnés de revoir Gustave qui s'était glissé sournoisement parmi le groupe des enfants.

— Qui veut jouer avec moi à la toupie? demanda-t-il.

— Moi! moi! s'écrièrent tous les petits garçons; mais avant tout, dit l'un d'eux, montrenous-la ta toupie?

— Non, tu pourrais me la prendre, dit Gustave.

— Fi! la vilaine réponse! murmura l'enfant.

— Je comprends sa méfiance, ajouta un autre; il nous prend sans doute pour des voleurs comme lui.

— Moi, un voleur! dit Gustave en pâlissant.

— Oui, répliqua le même petit garçon; je t'ai vu enlever à Victor la toupie que tu caches dans ta main.

— Va-t'en jouer tout seul, dirent les autres enfants; nous ne voulons pas de voleurs parmi nous.

Gustave parut honteux et tout décontenancé. Il se mordit les lèvres de dépit, et il vint de notre côté en fronçant le sourcil. Il se plaça vis-à-vis d'un acacia planté sur la ligne du marché, et, avec le fer pointu de la toupie qu'il tenait, il tourmenta l'écorce de l'arbre, qui ne parut pas souffrir des blessures que l'enfant cherchait à lui faire, pour se venger de l'affront que lui-même venait de recevoir.

— Que fais-tu là, Gustave? lui dit mon vieux voisin.

— Vous le voyez, répondit l'enfant; je m'amuse.

— Ta distraction me paraît celle d'un enfant qui s'ennuie, répliqua l'ancien marchand. Si tu t'amusais réellement, tu ne serais pas à l'écart en ce moment, et tes camarades ne t'auraient pas chassé.

— Ils ne veulent pas jouer avec moi; il faut bien que je cherche le moyen de me distraire sans eux.

— Que ne vas-tu rejoindre le petit Victor, à qui tu as pris le jouet dont tu te sers pour maltraiter un arbre qui ne t'a causé aucune gêne?

— Vous savez donc?...

— Je sais que tu as reçu de tes camarades le nom que tu mérites, et qu'ils t'ont banni de leurs jeux.

— Ah! monsieur! je ne suis pas un voleur, comme ils ont osé me le dire hautement. Si j'avais su m'attirer ce nom, je n'aurais pas privé Victor de sa toupie.

— Mon ami, les regrets suivent de près une

faute. Le moyen de les éviter, c'est de ne point la commettre.

Je gage que cette toupie a bien peu de charme pour toi, maintenant que tu la possèdes?

— Elle m'avait séduit d'abord, reprit Gustave, et je la trouvais fort belle entre les mains de Victor; mais dans les miennes elle a changé de couleur; plus je l'examine, et plus elle me paraît laide. Je la jetterais volontiers dans la rivière.

— Je comprends à merveille ce mouvement précipité. Cependant ce n'est pas de la sorte que l'on répare une faute, quand elle nous donne de véritables regrets. Je connais une autre voie.

— Laquelle?

— On restitue à qui de droit l'objet qui nous embarrasse le jour, et dont le poids pèserait la nuit sur notre conscience.

— Pour restituer à Victor la toupie que je lui ai prise, il me faudrait un courage que je n'ai pas.

— Tu as bien eu le courage et la force de la

lui ravir, malgré ses larmes et ses supplications. Ton excuse n'est pas admissible. Elle
est une petite lâcheté ajoutée à la première.

— Non, dit Gustave en pleurant, non, je ne
suis ni un voleur ni un lâche! J'ai été tenté par
un objet que je ne possédais pas. Voilà tout.

— Ton raisonnement manque de justesse.
Dis-moi, que penserais-tu de l'enfant d'une
mendiante, qui, tout couvert de haillons, vien-
drait t'arracher ta blouse et s'en emparer, sous
prétexte qu'il n'en a pas et qu'il s'est laissé
tenter?

— Ma blouse a plus de valeur qu'une
toupie.

— Sans doute; mais la valeur de la chose
ne détruit pas ma comparaison. J'ai voulu te
faire comprendre qu'il ne faut pas ravir à autrui ce qu'il possède, et que la propriété du
voisin, fût-elle d'une cerise, doit être fidèlement respectée.

— Vous avez raison, dit Gustave. Pour vous
prouver que je ne veux pas profiter du bien
d'autrui, voici quel est mon projet. Aussitôt

que j'aurai trois sous à ma disposition, c'est le prix de la toupie de Victor, je rachèterai ma faute, en faisant l'aumône de la somme à un pauvre.

— Mon enfant, tu as déjà fait un pas sensible vers l'honneur; mais je n'approuve pas complétement l'espèce de restitution que tu as méditée.

Faire l'aumône à un pauvre est une action fort louable, il est vrai; mais cette aumône, si elle se rattache à un bien mal acquis, ne répare pas, à mon avis, le tort que l'on a pu causer à ses semblables. J'ai une idée qui sera meilleure que la tienne.

Tu as besoin de trois sous, m'as-tu dit, et je n'ignore pas que ton père, qui gagne difficilement sa vie, aurait de la peine à te les donner. Eh bien! les voici... Mais à la condition que tu vas aller sur-le-champ faire emplette d'une belle toupie, que tu offriras à Victor, en échange de celle qu'il possédait.

— Et s'il veut ravoir la sienne?

— Tu la lui rendras : je doute fort qu'il te

la réclame. La vue d'un jouet tout neuf le flattera davantage.

Gustave, qui était d'un bon naturel, comprit parfaitement son rôle. Il courut acheter une toupie, et revint gaiement nous la montrer.

— Ce n'est pas tout, dit le vieillard.

— Non; mais où trouverai-je Victor, à présent?

— Derrière l'arbre que tu vois là-bas. Va tirer le pauvre enfant de la solitude dans laquelle il est plongé par suite du chagrin que tu lui as causé.

Gustave obéit, et, bientôt après, les deux enfants se tenaient joyeusement par la main.

J'ignore ce qu'ils s'étaient dit tout bas, et si les paroles de Gustave avaient exprimé le repentir; mais ce que nous pûmes voir, c'est que Victor paraissait radieux de posséder la toupie que lui avait offerte son camarade, et qu'il lui avait laissé la sienne en échange. Le vol était effacé. Les deux petits garçons se trouvaient redevenus bons amis par le fait seul de ce procédé.

Victor ne s'en tint pas à l'échange ; il voulut en outre faire un partage égal des billes de toutes les couleurs qu'il tira de sa poche, et il en donna la moitié à Gustave.

Je dis alors au vieux marchand :

— C'est grâce à votre sage morale que nous pouvons jouir du tableau fraternel qui est devant nos yeux. Ah ! si les hommes s'aimaient comme ces enfants, qu'ils seraient donc heureux ! Pourquoi nos intérêts grandissent-ils avec l'âge, et aux dépens de la sensibilité du cœur ? Je voudrais avoir encore dix ans pour participer aux jeux des enfants, et goûter en rentrant au logis les douces caresses de la tendre mère que j'ai perdue étant homme. L'âge mûr ne laisse point des souvenirs aussi agréables que ceux de la jeunesse.

— Je ne suis pas positivement de votre avis sur ce dernier point, répliqua le vieillard. On peut laisser derrière soi des souvenirs vers lesquels on est heureux de se reporter parfois, lorsqu'on a vécu en homme de bien.

Quelle que soit la profession qu'on ait choisie

en ce monde, on doit agir avec loyauté. Dans
le commerce, par exemple, où j'ai vécu plus
de quarante ans, on peut se créer une position
indépendante, tout en ne trompant personne.
Il ne faut pas imiter les marchands de bas
étage, qui font métier de surprendre la bonne
foi des acheteurs, parce qu'ils n'ont qu'une
faible clientèle. Quiconque use de tromperie à
l'égard d'autrui se prépare une vieillesse flétrie
par le scandale et le mépris public. Il est rare
que l'on ne signale pas à notre attention la
boutique d'un marchand trompeur. Elle est en
général moins achalandée que la boutique de
ses voisins, et elle ressemble à celle de la revendeuse qui nous a donné tout à l'heure une
preuve de son insigne mauvaise foi. Vous avez
dû remarquer que les passants ne s'arrêtent
pas devant son étalage de fleurs. Eh bien! je
suis persuadé que la réputation de cette femme
est depuis longtemps établie sur le marché.
Les autres marchandes, au lieu de fraterniser
avec elle, la délaissent. Son visage, du reste,
est ingrat. Il porte l'empreinte d'une fausseté

qui n'invite personne à s'en approcher. Voyez
les rides de la duplicité contourner désagréa-
blement la bouche de cette femme. Nez pincé
et lèvres plates n'ont jamais rien valu, dit le
proverbe. Ce n'est pas elle qui prouvera le
contraire. Quant à ses yeux fauves, ils sont
cachés à dessein sous une arcade sourcilière
très-prononcée.

— Je reconnais avec vous, répondis-je, que
le visage des méchants décèle en général leurs
mauvaises actions, et que cette femme a dû en
commettre plus d'une dans sa vie. Quel malheur qu'il existe sur la terre des créatures
n'ayant d'autre valeur que celle de la fausse
monnaie! Je plains les enfants nés parmi les
trompeurs; car ils ne peuvent manquer de
suivre le mauvais penchant de leurs parents,
et le vice se perpétue dans la famille.

— La chose arrive ordinairement ainsi,
ajouta mon interlocuteur. L'élève copie forcément les défauts du maître. Je vous ferai observer cependant que toutes les natures d'enfants ne se ressemblent pas, et qu'il y en a qui

5.

se révoltent en quelque sorte contre les mauvais principes que le maître ou les parents veulent leur inculquer. D'un autre côté, il y a des natures de marbre tellement froides, que le souffle de la parole, si chaud qu'il soit, ne saurait produire d'effet salutaire sur elles.

Si Gustave eût manqué de cœur, pensez-vous qu'il fût revenu à de bons sentiments, après l'acte qu'il venait d'accomplir?

Non! il ne m'aurait pas écouté. Il eût agi comme le petit garçon auquel le bon papa, assis sur le banc d'un jardin, faisait de sages remontrances, et qui regardait attentivement les fourmis entrer et sortir du trou souterrain où elles avaient leur habitation. Le grand-père, en voyant son petit-fils baisser les yeux, s'était figuré que l'enfant réfléchissait sur la gravité de la faute qu'il lui avait reprochée; mais l'ayant interpellé sur le motif de son silence, il répondit : — Je compte les fourmis qui sont à mes pieds. En voilà bien une centaine qui entrent par le même trou.

On doit conclure par cet exemple qu'il y a

des terres ingrates où les meilleures graines ne germent point, malgré la culture, tandis que les bonnes terres sont productives d'elles-mêmes, et sans que le soc de la charrue les retourne continuellement.

Je n'ai donc pas à me glorifier d'avoir obtenu de Gustave les résultats satisfaisants qui se sont produits devant nous. C'est une excellente nature que celle de Gustave. Je ne l'avais jamais vu dévier de la bonne route. S'il en est sorti un instant, il y est rentré tout aussitôt. Je suis, du reste, porté à croire que le blâme de ses camarades a produit sur son cœur une impression plus vive que mes représentations.

Puisque notre conversation se rattachait tout à l'heure à l'inconvénient déplorable qu'il y a de montrer le mauvais exemple aux enfants, je vous dirai qu'à l'âge de quatorze ans, me trouvant orphelin, je fus placé chez un épicier, pour apprendre son commerce. Cet homme, dont tout le savoir consistait à tromper ceux qui venaient s'approvisionner dans sa boutique, m'enseigna une foule de mélanges, de trafics et de supercheries, qu'il appelait l'entente du commerce. Pas une denrée ne sortait de chez lui sans être falsifiée. On devrait être honteux de faire un métier auquel on a besoin d'associer le vol pour réaliser de plus forts bénéfices ; mais mon patron n'avait jamais appris à rougir. Son assurance passait même pour de l'effronterie aux yeux des connaisseurs.

Un jour, une pauvre femme lui ayant donné la préférence sur un fournisseur qu'elle venait de quitter, parce qu'il vendait à faux poids, mon patron se récria sur l'indélicatesse de son confrère, et, pour récompenser la brave et digne femme de la confiance qu'elle lui donnait, il mit adroitement un poids de moins dans la balance, où il jeta lourdement la marchandise qu'il devait servir à sa cliente. Celle-ci ne s'en aperçut pas et se retira satisfaite.

Je m'arrachai les cheveux, en voyant l'acte répréhensible de mon patron.

— Est-il possible, m'écriai-je avec transport, de tromper ainsi sans scrupule la confiance du public !

Mon exclamation fut d'autant plus déplacée que mon patron l'entendit. Elle me valut d'être chassé de la maison, pour m'être déclaré trop franchement honnête homme.

Au sortir de l'épicerie, qui ne m'était pas sympathique, j'entrai dans le magasin d'un marchand de nouveautés, où j'appris à disposer les étoffes dans les rayons, et à faire l'article, comme cela se dit encore aujourd'hui. On m'enseigna aussi l'art de parer l'étalage du magasin, de manière à flatter l'œil des passants. Puis on usa de ma plume, qui était assez habile, pour tracer des lettres originales sur des cartons destinés aux étiquettes. J'eus à faire la copie de la célèbre étiquette portant 1 fr. 95 c., mais disposée de manière que le chiffre 1, véritable géant, éclipsât tout à fait le caractère microscopique des centimes placés à sa remorque.

Ce qui me chagrinait dans ma spécialité d'écrivain chargé des annonces, c'est que la plupart de mes étiquettes ne s'accordaient nullement avec la qualité des marchandises qu'elles recouvraient. Sur des étoffes dont la couleur ne craignait que l'eau et le soleil, on plaçait mon étiquette pompeuse : — *Garanties bon teint*, — et, sur celles de coton, on ne manquait pas de mettre : — *Tout fil*, — ou bien : — *Tout laine*, — sur celles dont la trame était en coton.

Cette méthode était bonne sans doute; car elle ne manquait pas d'attirer un grand nombre d'acheteurs séduits par l'étalage et la modicité des prix.

Au bout d'un certain temps, le maître de la maison put s'applaudir d'avoir une fortune dont la plus grande partie provenait des gains illicites qui lui étaient échus, en vendant sur fausse mesure et à faux teint. Cependant ma profession me donnait encore beaucoup à réfléchir.

— Si le commerce s'accomplit partout de même, me disais-je, je ne sais vraiment où diriger mes pas pour vivre tranquille avec ma conscience.

Fort heureusement pour moi, l'établissement

changea de propriétaire, et mon nouveau patron n'acheta pas la fraude avec le comptoir.

C'était un homme probe, appartenant à l'ancienne roche, à cette roche dont le cristal pur et sans tache laisse lire à travers lui-même.

Je lui dois d'être resté dans le commerce.

La justice présidait à tous ses actes, et sa loyauté effaça les pénibles impressions que m'avait laissées son prédécesseur. Il savait rétribuer généreusement les commis, et, ce qui vaut mieux encore, il sut s'en faire aimer. Simple dans ses goûts et dans ses mœurs, il méprisait le luxe qui a pour but d'ajouter dans le commerce un prisme de plus aux nombreuses facettes de la tromperie.

Je n'ai pas besoin de vous dire qu'il remit en honneur mes étiquettes, en les appropriant aux marchandises auxquelles elles convenaient. Je pouvais donc y travailler gaiement. Plus tard, ce chef désintéressé me confia l'emploi de caissier dans sa maison, et j'aurais pu conserver longtemps cet emploi, sans une circonstance imprévue qui m'obligea de quitter Paris.

On m'écrivit de Lyon qu'une tante, que je n'avais pas vue depuis dix ans, était dangereusement malade. C'était la seule parente qui me restât, et je l'aimais sincèrement, notre correspondance ayant toujours été très-affectueuse. J'obtins un congé pour l'aller voir.

Ne connaissant pas au juste les moyens d'existence de ma tante, et craignant qu'elle ne fût pas heureuse, j'avais eu le soin de me munir de mes petites économies, pour en disposer au besoin en sa faveur.

Hélas! quand j'arrivai à Lyon, ma tante expirait. Je n'entrai chez elle que pour lui fermer les yeux.

L'aspect de la mansarde qu'elle occupait me glaça d'horreur. Je me reprochai d'avoir vécu loin de ma tante, et sans m'enquérir de sa position. J'aurais pu la faire venir près de moi, et elle m'aurait tenu lieu de mère. Quelle faute! Je la déplorais vivement. Dans mon esprit, j'étais coupable de la mort de ma tante;

car elle avait dû périr de misère, et je n'avais pas songé à venir à son secours.

— Pauvre tante! me disais-je en la regardant couchée horizontalement sur son grabat...

Et je pleurais...

Après lui avoir donné tous mes regrets, j'allai commander un service funèbre à la cathédrale de Saint-Jean, et je conduisis ensuite le corps de la défunte dans le champ du repos.

En rentrant dans la chambre déserte de ma tante, je m'occupai de mettre en ordre les papiers que je trouvai dans une vieille commode.

J'aperçus une clef que je ne pouvais ajuster qu'à la serrure d'une petite armoire située près de la cheminée. J'ouvris la porte de cette armoire; mais quelle fut ma suprise, lorsque je vis sur les tablettes une quantité considérable de sacs rangés les uns contre les autres! Celui que j'ouvris au hasard contenait de l'or. J'en pris un autre; il était rempli d'argent monnayé. Tout le soir et une partie de la nuit se passèrent à compter les richesses de ma

tante. Elles s'élevaient à la somme de deux
cent quarante mille francs. Comme il n'existait
point d'autre héritier que moi, les affaires furent bientôt réglées, et je n'eus qu'un embarras, celui de changer mon or et mon argent
contre des valeurs en portefeuille. Je résolus
ensuite de quitter la ville, après avoir fait mes
adieux à la tombe de ma tante.

C'était la veille de mon départ. Je m'étais
promené ce soir-là le long des quais, et je
m'arrêtai pour contempler le Rhône qui, ma-
jestueux dans sa course rapide, roulait ses flots
vers la Méditerranée.

Deux étrangers, dont le plus jeune pouvait
avoir trente ans, causaient sur le bord du
fleuve. Le vent, qui m'apportait leurs plaintes,
me fit entendre quelques mots qui m'invitè-
rent à écouter leur conversation. A la place
où je me trouvais, je ne craignais pas d'être
aperçu. J'étais appuyé sur le parapet, tandis
que les deux hommes dont il s'agit étaient
au-dessous de moi sur la berge. D'ailleurs, la
nuit commençait à tomber, et la lune sem-

blait se cacher derrière le sommet d'un rocher.

— Fatale destinée! disait l'un d'eux : faut-il qu'une maison de commerce comme la mienne, et qui a toujours rempli ses engagements, soit sur le point d'être déclarée en faillite! Que dira-t-on de moi lorsqu'on saura que je n'ai pu trouver dans ma caisse la somme de dix mille francs, pour payer les billets qui me seront présentés demain? Si j'avais quelque reproche à me faire! Si l'inconduite était cause de la gêne où je suis réduit! Mais non! J'ai toujours agi suivant les devoirs qui m'ont été imposés. Je suis coupable seulement d'avoir répondu de pareille somme, pour sauver l'honneur d'un ami que j'ai tiré de la cruelle position où je me trouve aujourd'hui. Je ne saurais attendre le secours de personne. Quant à l'ami que j'ai obligé, il n'est pas à même de me rendre un pareil service. Le courage m'abandonne, quand je songe à l'avenir qui m'attend, à la déconsidération qui va m'atteindre, à la désolation de ma femme, et au sort de mes pauvres enfants, qui vont être jetés sur la paille, si les gens de justice entrent dans ma maison. Le public, ce maître rigoureux, est-il iudulgent pour le marchand que la fortune a discrédité? Ne lui est-il pas arrivé plus d'une fois de confondre un failli avec un banqueroutier? Ce dernier mot me fait horreur, quand je pense qu'il pourrait m'être appliqué. Un banqueroutier! Ah! l'abominable nom! Si j'étais arrivé à cette dernière limite du manque de respect de soi-même, à ce dernier degré de l'échelle commerciale où l'homme, qui se laisse tomber à dessein, ne craint pas qu'on l'accuse tout haut de vol et d'infamie, je n'attendrais pas que mes créanciers me jetassent le gant du mépris au front pour me précipiter dans le Rhône. J'y noierais mon déshonneur!...

En disant ces mots, le jeune marchand, animé par un sentiment d'exaltation fébrile, fit un pas vers le fleuve, comme s'il eût voulu s'y élancer.

— Où vas-tu? lui dit froidement son compagnon, qui le retint par le pan de son habit. J'estime qu'on peut s'identifier avec la position

de plus malheureux que soi ; mais je n'admets
pas qu'on la prenne au sérieux de manière à se
punir pour lui. Tu n'as pas encouru la déconsidération publique ; pourquoi songer au suicide?

Quel parti prendrai-je en présence de ton
découragement, moi qui viens d'apprendre que
toute ma flotte marchande a péri dans les mers?
Suivrai-je ton exemple?

— Mon ami, je te reconnaîtrai toujours à tes
sages paroles. Oui, je suis un insensé de songer
à la mort! Le suicide est un crime que Dieu ne
pardonne pas. L'homme n'a d'autre vertu dans
le malheur que de supporter patiemment les
maux ou les calamités qui l'assiégent. Attenter
à sa vie, c'est attenter à la morale publique.
C'est indiquer au vice qu'il pourrait aussi se
soustraire aux rigueurs de la loi. C'est éviter
dans bien des cas le châtiment d'une faute. Un
homme qui n'est point dépourvu de religion se
résigne à son sort. Quelle est la souffrance au
monde qui n'est pas sœur d'une autre souffrance? Où sont-ils les heureux de la terre? Je

penserai à toi, mon digne ami, à toi qui, plus à plaindre que moi, et non moins honnête, te vois à la veille d'une ruine plus grande que la mienne.

— Hélas! pour me sortir d'embarras, soupira le second marchand, ce n'est pas dix mille francs qu'il me faudrait, mais le triple de cette somme. Où la trouver pour faire face aux exigences du moment? Irai-je la demander à l'un de mes confrères? Je n'ose publier ma ruine... Une chose me touche au cœur; c'est d'abandonner les malheureux ouvriers qui m'étaient dévoués, et de leur fermer la porte de ma maison de commerce. Quand je songe que leur sourire dépendait du mien, et que leurs pleurs vont être les compagnons de mes larmes, je sens qu'il est cruel pour un maître d'être obligé de dire à ses serviteurs qu'il n'a plus de pain à leur donner.

Il y a des positions dans la vie où l'on voudrait, quand le malheur nous atteint, être un chaînon séparé et tout à fait indépendant de la chaîne sociale. Cependant, quand le maître

anneau se brise et que les chaînons se disper-
sent, il reste à l'homme isolé une bien grande
consolation. C'est le cœur d'un ami... c'est le
tien, qui m'a toujours été dévoué et que je
suis heureux de retrouver... Jurons de ne pas
nous abandonner. Que notre amitié soit une
digue opposée au malheur qui va nous entraîner. Il est à craindre que nous ne soyons
obligés de renoncer chacun à notre établissement; mais, avec les débris du naufrage, asso-
cions-nous dans un plus petit commerce, et
n'oublions pas, à partir d'aujourd'hui, que le
malheur nous a rendus frères...

Ces paroles à peine achevées, je vis les deux
négociants se jeter dans les bras l'un de l'autre,
et la lune, qui venait de se lever radieuse,
projeta sa clarté sur leur visage, qu'elle éclaira
comme au grand jour.

Après cet élan du cœur, ils remontèrent
tranquillement la berge pour déboucher sur le
quai, et je pus marcher quelque temps à leur
suite sans être vu. Ils demeuraient dans le
quartier commerçant de la ville, c'est-à-dire,

dans le plus éloigné et le plus sombre. Je les suivis à pas lents jusqu'au détour d'une petite rue étroite, où l'un d'eux s'arrêta devant une maison de peu d'apparence. C'était la maison de commerce du jeune père de famille qui avait contracté une dette de dix mille francs. L'autre négociant lui souhaita le bonsoir, et poursuivit sa route jusqu'à l'extrémité de la même rue, où il frappa à la porte d'une maison assez élevée et dont les croisées étaient vitrées d'un nombre considérable de petits carreaux sans rideaux. C'était une véritable fabrique, bâtie sur le modèle de toutes celles qui existent à Lyon. La porte s'ouvrit et se referma sur le négociant, dont je pus lire aisément le nom sur un tableau qui frappa ma vue.

Je m'étais arrangé de façon à ne point paraître suspect aux deux négociants, et j'avais eu le soin, en marchant derrière eux, de ralentir le pas quand il le fallait, pour ne point les inquiéter. Mais quand j'eus appris leur nom et leur demeure, je revins gaiement chez moi, et je me couchai.

Quelle fut la cause de mon agitation dans le lit ? Je ne saurais l'expliquer. Ce que je puis dire, c'est que je ne dormis pas de la nuit.

Le lendemain matin, je remis moi-même à l'adresse des deux amis un portefeuille contenant la somme qui était nécessaire à chacun d'eux pour le tirer d'embarras. J'y joignis un petit mot dont voici la teneur :

« Un inconnu vous prie de disposer de la somme que vous trouverez dans ce portefeuille. »

Cette bonne œuvre accomplie, je me crus doublement riche.

— Il me reste, dis-je, deux cent mille francs provenant de l'héritage de ma tante. Avec cette somme je vivrai heureux à Paris.

Je montai le soir même en diligence, et je revins chez moi sans malencontre.

Aussitôt mon arrivée, je me présentai chez mon patron. On m'annonça qu'il était mort depuis huit jours... Un successeur avait pris les rênes de l'établissement. Il me fit savoir qu'ayant eu connaissance de l'héritage qui m'était survenu à Lyon, il avait disposé de ma place de caissier en faveur de l'un de ses parents. Je le remerciai d'avoir su faire le bien pour moi et à mon insu; puis je me retirai sans autre forme de procès.

N'ayant plus de profession, je devais travailler à me créer de bonnes rentes. Après avoir cherché longtemps quel serait le placement le plus sûr et le plus productif, je finis, comme beaucoup de gens en pareil cas, par choisir le pire. Ma mauvaise chance, ou plutôt mon manque de réflexion, me fit placer mes fonds sur l'emprunt étranger. J'avais bâti des châteaux en Espagne, et, lorsqu'ils furent détruits, je n'eus pas même la possibilité d'en retrouver les pierres fondamentales. Ma ruine fut complète. J'appris alors à mes dépens qu'il est souvent plus facile d'acquérir la fortune que de savoir la conserver. Le ciel m'avait puni. Pourquoi donc livrer ses fonds à l'étranger? Mon action était dépourvue de patriotisme. J'aurais dû songer à mon pays avant tout. La réflexion venait un peu tard. J'avouai ma faute à qui voulut l'entendre; mais je ne m'en affligeai pas.

Il me restait fort peu pour m'établir dans le commerce. Je montai un petit fonds de nouveautés, et j'eus le bonheur d'y prospérer.

Quelques annnées s'étaient écoulées à vivre de mes modestes gains, lorsque des intérêts majeurs m'obligèrent de retourner à Lyon. Me trouvant dans la ville, je ne pouvais mieux faire que de m'approvisionner de différentes soieries dont j'avais besoin, et je résolus de les prendre en fabrique.

Une importante maison me fut indiquée. Je m'y rendis; mais quelle fut ma surprise en reconnaissant sur la porte le nom des deux négociants que j'avais secourus dans le malheur !

Ils me reçurent d'un air affable, et je fis choix, dans leurs magasins, des marchandises que je désirais acheter.

Je visitai ensuite, sur leur invitation, les vastes ateliers qu'ils possédaient, et ils prirent un soin tout particulier de m'expliquer la fabrication nouvelle de certaines étoffes de soie. Un sourire bienveillant était toujours disposé à accueillir la moindre de mes observations. J'eus la permission de tout voir et de tout examiner à mon aise sans crainte de leur déplaire. Nulle part je n'ai trouvé plus de confiance et plus d'aménité que dans la maison de ces deux négociants. Notre conversation fut un échange de mots gracieux, et je crus devoir les féliciter sur leur association fraternelle.

— L'association, me dit l'un d'eux, est un puissant levier; mais les hommes ne savent pas tous s'en servir.

Que ce soit le travail s'unissant au savoir, ou bien le capital à l'industrie, on ne doit voir dans l'association que le miel dont chaque abeille sait doter la ruche. Elle est, à mon avis, le rapprochement de deux amis nés l'un pour l'autre, de deux cœurs éprouvés par le malheur; leurs mains se sont unies pour n'en former qu'une. Une association renferme quelquefois toute une histoire... Et c'est la nôtre... fit le négociant après un moment de silence.

Je me rappelle qu'il y a dix ans nous étions dans une gêne cruelle. Mon ami voulait se jeter dans le Rhône, lorsqu'au mot d'association je relevai son courage abattu. Le fardeau de sa peine lui parut moins lourd.

D'un autre côté, la Providence vint à notre secours en permettant qu'un inconnu, dont nous n'avons pu remarquer le visage, mais qui marchait lentement derrière nous, entendît la conversation que nous tenions au bord de l'eau; car il sut nous faire parvenir, sous le voile de l'anonyme, la somme sans laquelle notre perte était inévitable.

En vous examinant bien, il me semble revoir notre bienfaiteur. Il avait votre taille, votre maintien et, à peu près, l'habit que vous portez. Ah! quelle joie ce serait pour nous, si l'excellent homme se présentait dans notre maison! si nous pouvions, en le serrant contre notre cœur, lui dire avec effusion: C'est vous qui nous avez sauvé la vie, en nous faisant échapper au déshonneur! Reprenez la somme que vous nous avez prêtée; elle est à vous avec notre reconnaissance.

En achevant ces paroles, le négociant me regardait attentivement. J'avais de la peine à étouffer un sentiment de contentement intérieur; néanmoins, je fis bonne contenance, de peur d'être reconnu.

— Je doute fort, répondis-je au négociant, que l'étranger qui vous a obligés vienne avec l'intention de vous réclamer la somme qu'il vous a donnée dans l'ombre. Son bienfait resterait sans valeur. Que votre conscience ne s'inquiète pas de restituer le dépôt qui vous a été fait sans aucune réserve. Quant à moi, je trouve fort naturel que l'homme riche vienne au secours de ses frères malheureux, et je ne vois rien d'extraordinaire dans le fait qui s'est accompli à votre égard.

— Ah! monsieur, il y a tant de gens qui ne savent pas user de leur fortune, qu'il faut louer ceux qui l'emploient honorablement à répandre des bienfaits. J'ajouterai qu'on a tort d'évaluer quelquefois le prix d'un acte de bienfaisance d'après la fortune du bienfaiteur. Il n'y a pas de calcul à établir avec la reconnaissance; c'est un sentiment qui aime à s'épancher lorsqu'il est véritablement né au fond du cœur. Au surplus, je vous préviens que l'inconnu qui a fait notre bonheur aura prochainement de nos nouvelles.

— Et que comptez-vous faire? demandai-je.

— Une chose toute naturelle; nous profiterons de la voie des journaux pour prévenir notre bienfaiteur que nous tenons à sa disposition la somme qu'il nous a généreusement prêtée, et lui dire qu'il lui sera remis en même temps les intérêts que cette somme a produits depuis dix ans dans notre commerce.

— Et si l'inconnu ne répond pas à cette proposition ?

— Nous prendrons alors un autre parti : celui de disposer de la somme au profit des hospices.

— Je n'aurais su vous donner un meilleur conseil, répliquai-je.

Je fis ensuite mes adieux aux deux négociants, auxquels je serrai cordialement la main. En sortant de leur maison, j'étais ému, et j'aurais volontiers pleuré de satisfaction; car, plus heureux que le philosophe athénien à la recherche d'un homme, j'avais eu le bonheur d'en rencontrer deux sous le même toit...

Là s'arrêta le récit du vieux marchand, qui me pria d'excuser la longueur de sa narration.

— Je me suis, dit-il, laissé entraîner plus loin que je ne le voulais. La conversation a cela de regrettable, qu'elle détruit toujours une pierre de l'édifice où notre modestie voudrait s'abriter. J'ai eu tort peut-être de vous entretenir de moi en parlant d'autrui; mais il était difficile de m'effacer complétement en présence des deux négociants dont je voulais vous retracer le portrait...

La soirée se trouvant avancée, le vieux marchand quitta le banc de pierre où nous étions assis, et me fit un salut d'adieu. Il était parti, que je le croyais encore près de moi.

J'espérais apprendre son nom le mercredi suivant, et je revins me placer sur le même banc; mais j'y attendis inutilement le vieillard; il n'a jamais reparu au marché aux fleurs. Qu'est-il devenu? — Gustave n'a pu m'en donner des nouvelles...

Il y a des étoiles qui disparaissent de l'horizon pour rentrer au fond des cieux!

CHAPITRE IV

Nous sommes en pleine saison des fleurs; le mois de mai s'annonce riche en lilas frais à cueillir. Et je me suis levé tard ce matin. Quelle en est la cause? Je ne puis l'attribuer qu'à ma paresse et à la douce chaleur de mon lit. Le timbre de ma pendule a sonné lentement huit coups distincts, et je me plaindrais volontiers de l'empressement que le marteau a mis à m'annoncer l'heure à laquelle je déjeune habituellement. C'est à peine si j'aperçois la vive clarté du soleil, qui a profité de ce qu'une de mes persiennes est restée ouverte pour venir chatoyer agréablement mon oreiller.

Je suis descendu de mon lit les yeux demi-ouverts, la tête pesante et le pas mal assuré, comme un homme engourdi encore par le sommeil.

—Honte au paresseux! me suis-je écrié pour me réveiller; n'entends-tu pas le gazouillement joyeux des hirondelles qui ont bâti leur nid dans l'angle droit de la persienne que tu as laissée fermée pour elles?

Vois-les travailler à l'achèvement de ce nid et y apporter dans leur bec les derniers matériaux.

Depuis deux grandes heures au moins, elles sont à l'ouvrage, et tu as dormi sans les voir ni les entendre. Ce n'est pas jouir de la vie que de s'adonner mollement au sommeil quand le jour a paru. Le jour est le prisme de l'existence; c'est le grand réflecteur du tableau vivant de la nature et le guide inspirateur de nos travaux...

Je m'habillai en toute hâte; mais mon esprit

resta lourd. Des idées sombres vinrent m'assiéger; je n'avais aucun sujet de tristesse, et cependant rien ne m'égayait. J'aurais voulu trouver des taches au soleil, malgré son aspect radieux. Ne pouvant l'accuser d'attrister ma chambre, je me fis des reproches à moi-même, et je me rappelai que la veille j'avais oublié d'émietter du pain à chanter dans le bocal de verre où je me plaisais à regarder tourner un petit poisson rouge. Le bocal était placé sur mon bureau; j'y courus vivement.

O surprise! ô douleur! mon cyprin doré flottait sur l'eau; mais ses nageoires restaient immobiles.

Pauvre petit poisson! ses yeux s'étaient voilés d'un nuage épais, et tout son corps paraissait enveloppé d'un linceul blanc...

— Il est mort! dis-je à voix basse, comme si j'eusse craint de troubler son repos. Me voilà privé de la vue d'un petit être appartenant à la grande famille qui se meut sur la surface du globe. Il a perdu le sentiment de la vie pour me laisser des regrets...

Quand il vivait, je n'étais pas seul dans ma
chambre: je l'appelais chaque matin, et soudain, à ma voix, il levait la tête hors de l'eau
pour recevoir la faible nourriture que je lui of-
frais. Maintenant que le bocal est privé de son
habitant, il me semble que toute la terre est
déserte.

Adieu, paisible témoin de mes joies et de
mes peines, adieu! En mourant, tu as voulu
m'apprendre que, passager sur cette terre,
l'homme tourne comme toi dans un cercle étroit,
sans pouvoir s'affranchir du tombeau. Tu sus
vivre en philosophe dans ta sphère, et j'ai plus
d'une fois applaudi à ta réserve, à celle que ne
comprend pas l'homme ambitieux. Qu'aurais-tu
fait dans la rivière? Ta liberté aurait pu te devenir funeste; un poisson plus gros et plus
puissant que toi t'eût peut-être englouti; j'aurais ignoré toutefois cette fin malheureuse, au
lieu que tu as cessé de vivre devant moi.

Et voilà ce qui me chagrine!...

Ah! j'avais bien raison de rester dans mon
lit, puisque mon réveil a eu pour résultat de

constater la fin de ton existence. Le soleil luit pour tout le monde; mais il ne luit pas pour nous deux en ce moment. Ma tristesse était donc un pressentiment de ce qui devait t'arriver.

Je te regrette, ô petit poisson rouge; car ta vie se rattachait pour moi à des souvenirs d'enfance. C'est toi qui sus me charmer la première fois que je t'ai vu dans le bassin des Tuileries, lorsque, tout jeune encore, je jouais à la balle dans le jardin des rois.

Gai messager de mes lointains plaisirs, ne pouvais-tu choisir un autre jour que le jeudi pour me faire tes adieux?

Pourquoi donc as-tu jeté un léger crêpe de deuil sur ce jour fortuné, qui m'apportait le frais sourire du printemps de ma jeunesse?

C'était le jeudi de chaque semaine que, joyeux d'échapper au banc de la classe et à la sévérité des maîtres, je pouvais profiter de quelques heures de vacances pour aller fouler l'herbe des champs.

J'étais ordinairement accompagné de ma

mère ou d'un parent qui passait pour un ama-
teur zélé de la chasse aux papillons, et qui
avait cru devoir m'enseigner de bonne heure
à partager ses goûts innocents. Mon cher
cousin, dont la stature ressemblait à celle de
l'ogre aux bottes de sept lieues, arpentait gravement les rues de Belleville-lès-Paris, et me
conduisait, par des sentiers fleuris, dans le parc
des Bruyères, sur la route de Bagnolet.

Je le suivais de mon mieux, mais à grand'-
peine ; car ma tête atteignait tout au plus à sa
ceinture. Aussi me laissait-il souvent derrière lui.

Lorsque je m'apercevais de l'avance que mon
grand cousin prenait sur moi, je me mettais
à courir, et je me retrouvais à ses côtés. Le
géant souriait alors au petit Poucet.

Une canne de roseau me servait d'appui, et
j'étais muni du filet de gaze verte qui devait
m'aider à surprendre au vol les jolis lépidop-
tères dont mes doigts auraient terni les couleurs.

Porteur aussi d'un coffret garni de liége à
l'intérieur pour y piquer mes prisonniers, je

possédais en outre dans ma poche un étui contenant des épingles longues et meurtrières.

Armé de la sorte, je pouvais participer aux
plaisirs de mon grand cousin, qui me laissait
volontiers les profits de ma chasse, mais qui,
plus habile que moi, et en raison de sa taille,
prenait tout ce qui dépassait ma hauteur.

Sa chasse était par conséquent plus productive que la mienne; je l'ai constaté plus d'une
fois sans en être jaloux. A quoi bon envier la
fortune d'autrui? j'étais heureux de celle que
le hasard et ma petite condition avaient bien
voulu me réserver.

Tout le monde n'atteint pas à la branche élevée où se repose mollement l'insecte brillant
dont les ailes ont des reflets de nacre et d'or;
il faut que l'enfant se contente de saisir au
passage les petits papillons bleus qui voltigent
au-dessus de la prairie, si son bras ne peut
s'élever jusqu'au chêne altier de la forêt.

Je vois encore la mare du parc des Bruyères,
abritée à gauche et à droite par les grands arbres d'un bois touffu, et bordée, sur la route qui

se trouvait devant elle, par des cépées de trembles, sous la feuille blanche desquels on trouve la chenille du sphinx du peuplier.

Le fond du paysage permettait à la vue de s'étendre jusqu'à l'horizon, et de se reposer sur des tapis de luzerne et de sainfoin.

Les jolis machaons dits porte-queue, les vanesses, les vulcains, les morios, les paons de jour, et une infinité d'autres papillons venaient s'ébattre dans la prairie, et je les poursuivais sans relâche.

Pendant ce temps-là, les grenouilles plongeaient dans la mare, et se laissaient remonter doucement sur l'eau. Les libellules ou demoiselles, ces insectes au corps grêle et allongé, faisaient briller leurs ailes de gaze bleue au soleil, et, comme des sylphes légers, apparaissaient sur la surface de l'eau qu'elles effleuraient pour aller se jouer entre deux brins d'herbe.

Je me souviens qu'une libellule au corselet noir, et dont les yeux ressemblaient à deux réflecteurs en cristal, se posa un jour sur la coiffure d'une malheureuse femme agenouillée au bord de la mare, et qui pleurait l'enfant qu'elle y avait perdu la veille.

L'enfant avait voulu lancer sur l'eau un petit esquif en liége; mais en se penchant imprudemment, il s'était trouvé entraîné par le poids de son corps, et il était tombé au fond de la mare où il avait péri.

Quel désespoir pour la mère infortunée! On voyait encore le bouchon flotter sur l'eau; mais l'enfant n'était plus là pour le guider de son souffle; le vent seul le poussait du côté des roseaux, comme un navire rentrant au port et qui aurait perdu ses passagers.

Tout le temps que cette femme resta immobile à genoux, l'insecte ne bougea pas; mais lorsqu'elle leva les yeux au ciel, la libellule fit un léger bruit avec ses ailes, et disparut.

La pauvre mère priait Dieu... Elle crut alors voir l'âme de son enfant monter vers la voûte azurée.

Sublime erreur que celle qui est guidée par le sentiment lumineux de la foi! Que ce sentiment s'élève au ciel sur l'aile d'un ange ou sur l'aile d'un papillon, j'y reconnais une douce consolation pour la créature de Dieu, qui se détache un moment de la terre par la pensée.

Que l'on me montre le livre où la plume d'un athée conteste l'existence de l'âme, je prouverai à l'auteur, en jetant son livre au feu, que la matière seule est périssable, mais que la flamme qui la consume remonte toujours pure au foyer de lumière.

L'âme est le foyer de notre intelligence; quiconque en nie l'existence a un corps de marbre.

Quoi! nous serions assujetties, pauvres larves abandonnées sur la terre, à y ramper sans espoir de revivre sous une autre forme? Nous aurions le sort du ver à soie, condamné au travail, sans qu'il nous fût permis, comme lui, de devenir un jour papillon? L'insecte serait donc plus heureux que l'homme? Il vivrait deux fois, tandis que l'homme ne subirait aucune transformation?

Que le corps soit une matière inerte après la

mort, j'y consens ; mais l'âme ne doit pas périr
avec son enveloppe. L'âme est le germe du
grain de blé qui se perd dans la terre : l'enveloppe n'est rien ; le germe est tout.

Quel est l'homme de bien, quel est le penseur ou le moraliste qui n'a pas ressenti dans son
cœur le germe durable des idées qui lui prou-
vent en secret l'existence de l'âme ? Nourrissons
ce germe avec soin, ne le laissons pas périr, et
il nous fera revivre au bord du tombeau.

Le philosophe rit de la faiblesse de son corps,
lorsque son âme est forte ; il a des ailes qui
l'élèvent plus haut que celles du papillon ; elles
sont impalpables comme Dieu lui-même ; mais
le philosophe les sent à côté de son âme ; c'est
à lui de les fortifier de telle sorte qu'elles puis-
sent le porter un jour jusqu'au trône de l'Être
suprême.

Les réflexions de l'enfance donnent lieu,
comme on le voit, aux réflexions de l'âge mûr ;
mais les sites charmants que l'enfant a parcou-
rus, l'homme n'a pas toujours le bonheur de
pouvoir les retrouver.

C'est vainement que je chercherais ceux que je viens de décrire.

La mare où a péri le jeune enfant pleuré de sa mère est aujourd'hui recouverte d'un immense amas de terre en forme de tombeau, et qui se prolonge de manière à faire l'enceinte continue des fortifications de Paris. Un grand mur est de l'autre côté, qui offre à sa base le vide d'un fossé large et profond, où l'eau peut circuler dans son canal.

Adieu, beaux marronniers du bois! adieu, beaux peupliers de la mare des Bruyères! vous avez succombé sous la hache, et les trembles inquiets vous ont précédés pour aller au bûcher. Adieu, vertes prairies émaillées de fleurs et de papillons, adieu!... Et toi, mon beau petit cyprin doré, va rejoindre mes souvenirs d'enfance... adieu!...

L'esprit sombre et poursuivi par des réflexions de toutes sortes, je sortis à jeun de chez moi. Quand l'estomac n'est pas satisfait, l'âme se réchauffe difficilement aux rayons du soleil. Le nuage de tristesse qui est devant nos yeux de-

vient plus épais. On se sent mal à l'aise, et tout
ce que nous trouvons sur notre route contribue
à augmenter notre misanthropie.

Je m'étais dirigé vers la barrière de la Cho-
pinette, dans le but de porter quelque soulage-
ment à un pauvre honteux, dont on m'avait
donné l'adresse, et qui demeurait à l'entrée de
la rue Saint-Laurent. Je trouvai le domicile
indiqué ; mais le locataire n'y était plus. —
Hélas ! me dis-je en soupirant : je me suis levé
ce matin encore plus tard que je ne l'aurais
pensé. Il ne suffit pas de vouloir être utile à son
semblable ; il faut savoir arriver à temps pour
le secourir...

En descendant la rue Saint-Laurent, je m'arrêtai un moment devant l'abattoir, où des chiens,
excités par leurs maîtres, faisaient entrer malgré eux de pauvres moutons que l'odeur du
sang répandu dans la cour, et qui coulait dans
le ruisseau, avertissait sans doute de leur funeste destinée.

Un monsieur d'un âge assez avancé se trouvait près de moi. Je l'avais vu regarder atten-

tivement les malheureuses bêtes à laine, et je
m'attendais de sa part à quelques réflexions
philosophiques ; mais, animé sans doute par un
appétit carnivore, il se contenta de dire en
voyant passer les moutons :

— Que de gigots !...

Son exclamation me parut celle d'un affamé.

En face de l'abattoir, plusieurs garçons bouchers se tenaient à la porte d'un cabaret, en se
livrant à tous les désordres d'une joie ba-
chique.

La gaieté de l'ivresse donnait à leurs yeux
quelque chose de fauve et de cruel tout à la
fois. Ils avaient des vêtements ensanglantés, et
leurs sabots garnis de paille portaient aussi les
souillures des meurtres permis à l'abattoir.

C'était un tableau hideux que celui de ces
hommes armés de couteaux, et qui excitaient
un jeune garçon de douze ans à boire avec eux.

— Tu t'aguerriras, mon vieux, disaient-ils à
l'enfant. Pour faire le métier de boucher, il ne
faut pas être un poltron.

— La belle bravoure ! ma foi, que celle qui

consiste à égorger de paisibles animaux, me
dis-je en fuyant l'horrible figure de ces gens...
Ils trouvent sans doute de l'honneur et de la
gloire à former de bonne heure des bour-
reaux.

Fi de l'affreux métier où le cœur a besoin
de s'endurcir au mal pour voir couler paisiblement le sang, et où il faut noyer sa raison dans
le vin, pour s'armer contre une génisse ou un
agneau prêts à nous lécher la main !

Je n'étais plus auprès de l'abattoir, que je
voyais encore ce lieu de supplice avec ses tré-
teaux, ses gros soufflets et tout l'attirail destiné
aux bouchers.

Sur le boulevard extérieur, un autre spectacle
s'offrit à ma vue : j'aperçus un hideux tombereau dans lequel un équarrisseur était assis sur
le cadavre d'un cheval dont les jambes roides
ressortaient de la voiture.

Le cheval qui traînait son camarade baissait
humblement la tête. On eût dit qu'il songeait
au malheureux sort qui attend tous les vieux
serviteurs en général.

Je laissai le tombereau parcourir la ligne des boulevards, et je rentrai dans Paris.

J'avais à peine fait quelques pas dans la rue du Buisson-Saint-Louis, que je rejoignis deux hommes sortant d'une grande porte cochère située à l'entrée de cette rue, à gauche, lesquels portaient un brancard recouvert d'une toile, dont les côtés mal assujettis flottaient librement au gré du vent.

Les porteurs marchaient lentement... Un sentiment de curiosité, bien qu'il fût mêlé de respect, me fit approcher du brancard.

— Que cache-t-il, me demandai-je? Est-ce un blessé? Je veux m'en assurer pour le plaindre.

Un regard jeté à la dérobée me fit entrevoir la figure décolorée d'un malade que l'on conduisait à l'hôpital.

Près de lui, c'est-à-dire, à la droite du second porteur, cheminait, triste et silencieuse, une jeune fille de quinze ans au plus, dont les traits amaigris annonçaient que chaque printemps avait dû passer sur son front pour n'y effeuiller que des soucis, au lieu des roses de la jeunesse.

C'était une frêle et tendre fleur de l'atelier, qui avait dû souffrir faute d'air et de soleil.

Pauvre enfant! Elle tenait au bras son petit panier de modeste ouvrière, et sa mise décelait une misère honnête.

De temps à autre, elle reportait son regard du côté du malade, et ses yeux exprimaient la douce sollicitude d'une fille qui aime tendrement son père.

Lorsque les passants surprenaient son attitude, elle baissait immédiatement la tête ; mais une perle roulait alors de ses yeux, et tombait sur sa main, au moment où elle saisissait le coin de son tablier pour la recueillir.

Mon esprit mélancolique avait besoin d'émotions : je pris part au chagrin de la jeune fille, et je suivis avec intention le brancard jusqu'à sa destination.

Arrivés devant la grille de l'hôpital Saint-Louis, les porteurs s'arrêtèrent, et la jeune fille, ayant sorti un papier de son sein, se présenta

à la petite porte latérale du bâtiment, où elle
entra.

Elle fut peu d'instants absente. Quand elle
revint, l'un des côtés de la grille s'ouvrit pour
donner passage au brancard, que les hommes
emportèrent au fond de la cour. La jeune fille
les suivit, et je la perdis bientôt de vue.

J'étais resté seul dans la rue, et je me promenais le long du trottoir.

Les abords d'un hôpital m'ont toujours paru
aussi froids que les pierres de taille qui en for-
ment les assises.

Les fenêtres ne ressemblent pas à celles des
autres maisons. Les croisées sont rarement ouvertes, et leurs vitres étroites ne permettent
pas au jour d'y entrer librement. Un rayon
d'espérance ne luit pas pour tous les malades.

Le toit du bâtiment est sombre et élevé. Un
paratonnerre en accroît encore l'élévation, et,
sous sa forme prolongée et aiguë, semble vouloir représenter la douleur qui s'élance du toit
pour monter vers le ciel.

Quelle sombre fumée que celle qui s'échappe

du haut des cheminées! Elle emporte avec elle les plaintes du feu qui ne dort ni le jour ni la nuit.

Ah! que de maux ne sommeillent pas sur le mol oreiller! Que de cris étouffés entre les murs de l'hospice! Que de soupirs jetés loin de la famille, qui arrive toujours trop tard pour recevoir les adieux d'un parent qu'elle ne reverra plus!

Ah! qu'il faut de courage au pauvre pour se laisser conduire dans cet asile! Sait-il qu'il abandonne le plus souvent son corps au scalpel des étudiants, qui l'attendent à l'amphithéâtre?

Un hôpital n'a pas de cimetière, que je sache.

Plongé dans mes réflexions, je longeais depuis un quart d'heure environ les rues désertes de l'hôpital, lorsqu'en revenant sur mes pas je vis sortir la jeune fille tout éplorée.

— Ah! les cruels! — s'écria-t-elle en se tournant vers moi, comme si je dusse la plaindre ou la protéger. — Ils m'ont gardé mon père, après avoir refusé de m'admettre près de lui. Je me serais engagée comme servante plutôt que de le quitter; mais on n'a pas voulu écouter mes supplications. J'ai dû m'en séparer, bien à regret, je vous assure! Il faut maintenant que je me dirige vers l'atelier, privée d'un père et le cœur gonflé de larmes.

— Quelle est votre profession, lui demandai-je?

— Je suis fleuriste, répondit-elle; puis elle reprit : Si j'avais su quitter mon père, je ne l'eusse pas conduit à l'hôpital.

— Il n'y est pas perdu, lui dis-je. On aura soin de lui sans vous, et vous pourrez l'y voir quand vous voudrez.

— Le dimanche seulement, répliqua-t-elle; car je suis occupée toute la semaine. Mon père ne pouvant me voir plus souvent, j'ai peur que le chagrin n'aggrave sa maladie.

Il m'aime tant, mon bon père! et moi donc!... fit-elle en sanglotant. Jamais Dieu ne nous avait séparés...

Dans cet hospice, hélas! s'il allait mourir... Une main étrangère lui fermerait les yeux. La destinée du pauvre est bien affreuse, puisqu'il n'a pas même la consolation, dans son malheur, de pouvoir garder ses enfants à son chevet, pour les bénir avant sa mort...

On m'a renvoyée sans pitié!... Mon Dieu, sauvez mon père, ou bien prenez mes jours...

Les sanglots de la jeune fille redoublaient; je lui pris doucement la main pour la consoler.

— Comment se nomme votre père?

— Bernard, répondit-elle.

— Et vous?

— On m'appelle Pauline.

— Votre atelier se trouve-t-il loin de votre domicile?

— Rue Saint-Denis; j'y vais dès à présent.

— Hé bien, nous ferons route ensemble, si cela ne vous contrarie pas.

— Je n'y vois aucun mal.

—Vous avez raison, car je m'intéresse à vous, mon enfant, et je ferai en sorte tantôt d'avoir des nouvelles de votre père, pour vous en donner demain matin, si cela peut vous être agréable.

— Merci, monsieur ; votre visite sera bien reçue de mon père, qui n'est point un homme dépourvu d'instruction, et dont la conversation vous plaira mieux que la mienne.

Si des malheurs de toute sorte, qui ont obligé mon père à venir à Paris, pour y chercher un emploi, n'avaient pas ruiné complétement sa santé, il ne serait pas réduit à l'hôpital.

L'hiver, cette année, a été bien rigoureux ! Nous avons manqué plus d'une fois du nécessaire dans notre mansarde, et nous n'avons reçu de secours de personne.

— Dieu veillera sur vous, mon enfant, lui répondis-je : il n'abandonnera ni le père ni la fille. Je vous le promets !

Tout en parlant de la sorte, je m'aperçus qu'un chemin que l'on ne parcourt pas seul nous fait laisser l'ennui derrière lui, et je fus fort étonné de m'entendre dire par la jeune fille qu'elle était arrivée à sa destination.

— Quoi ! déjà rue Saint-Denis ! m'écriai-je ; le temps a passé bien vite...

Pauline me fit un petit adieu demi-souriant,

et disparut au fond d'une allée sombre conduisant à son atelier.

En continuant ma route, je ne sais quel changement heureux s'était opéré dans tout mon
être; mais je fus tout surpris de me sentir le
front moins lourd et le cœur plus dispos. Le
poids qui chargeait mon estomac avait disparu.

Peut-être que les chagrins d'autrui avaient
retrempé mon âme ; je la sentis forte et toute
prête à rendre service à mon prochain. L'idée
seule que j'allais servir d'intermédiaire, pour
rendre l'espérance à des cœurs brisés par la
douleur, m'avait redonné la joie à moi-même.

J'entrai dans un café pour y prendre mon
modeste déjeuner de bureaucrate, et je me
rendis ensuite à mes occupations.

Dans le courant de la journée, je posai ma
plume près de l'encrier; j'étais impatient de
retourner à l'hôpital Saint-Louis. Je m'y acheminai en toute hâte.

Avec le nom du malade reçu le matin, et
que je désirais visiter, j'obtins la permission
d'entrer dans la salle où il se trouvait.

Une sœur vêtue d'une robe grise me conduisit près du malade.

La plus grande propreté régnait autour de
lui. Il reposait dans un lit bien blanc, et, à
mon approche, il voulut, pour me saluer, retirer
le bonnet de coton qui couvrait sa tête.

Je l'engageai à n'en rien faire.

En quelques mots je lui fis connaître, au nom
de sa fille, quel était le but de ma visite.

— Pauline a dû paraître fort chagrine de me
quitter, me dit le père Bernard.

— Très-peinée, lui répondis-je, et c'est précisément pour la rassurer sur votre position,
que je suis venu vous voir.

— Je vous sais gré de votre bonne intention, repartit le malade. Dites, je vous prie, à
Pauline que j'espère avec le temps obtenir ici
la guérison que je n'eusse point trouvée dans la
chambre déserte où s'abritait ma pauvreté;
mais cachez-lui bien, à cette chère enfant, les
regrets que j'éprouve de la laisser seule.

Ce n'est qu'après avoir mûrement réfléchi
sur mon sort, que je me suis fait transporter

dans cet hôpital. Je savais que j'étais à la charge de ma fille bien-aimée, et qu'elle se priverait du nécessaire pour se procurer les médicaments dont j'ai besoin.

Elle gagne si peu d'argent à façonner des fleurs entre ses petits doigts roses, et son maître est si exigeant pour le travail de la journée, que j'aurais été désolé qu'elle passât les nuits près de moi.

C'est donc pour lui épargner des fatigues au-dessus de son âge, et pour ne pas l'impressionner trop vivement, que j'ai pris la ferme résolution dont elle se tourmente aujourd'hui.

Si Dieu me rend à la santé, Pauline sera heureuse de me revoir, et je retournerai riche de gaieté dans ma pauvre demeure. Dans le cas contraire, et s'il plaît à Dieu de m'appeler vers lui, je lui demanderai, avant de mourir, de devenir le père de mon enfant, de veiller sur son innocence, et de ne lui montrer, parmi les sentiers de la vie, que celui du travail s'enchaînant à l'honneur.

— Permettez-moi, dis-je au père Bernard, de vous rassurer sur la destinée de votre fille.

Les sentiments de votre âme sont trop purs, pour qu'ils ne se soient pas reflétés sur celle de votre enfant.

Pauline vous aime sincèrement, et ne saurait, pour cette cause, dévier de la ligne que vous lui avez tracée.

Combien de filles orphelines sont restées sages! Il en serait sans doute de même à l'égard de la vôtre, si elle avait le malheur de vous perdre.

— Oui, reprit-il, j'ai confiance en la bonne conduite de Pauline; mais elle est bien jeune encore, pour être abandonnée à elle-même.

A quinze ans, on n'a pas l'expérience qui est nécessaire pour entrer dans le monde.

Que deviendrait-elle sans famille?

— Vous avez confiance en Dieu, lui répliquai-je; c'est déjà un point rassurant pour vous. Au surplus, si Pauline restait sans famille, je lui offrirais la mienne, en lui donnant un asile chez une parente d'un âge raisonnable et qui en prendrait soin comme de sa propre fille.

Si cette parole désintéressée peut contenir une consolation digne de vous être offerte, je vous la donne avec toute la sincérité de mon cœur.

—Je l'accepte, dit Bernard, qui parut touché de ma proposition; vous m'avez rendu avec cette parole le calme et la résignation. Maintenant je puis mourir tranquille.

— Vous vivrez, je l'espère, pour le bonheur de votre enfant, lui répondis-je aussitôt. Vous aurez la satisfaction d'embrasser Pauline, dimanche prochain. Je veux assister à cette entrevue...

En quittant le malade, je l'avais recommandé tout particulièrement aux bons soins de la sœur hospitalière, et j'avais glissé une légère offrande dans la main de la fille de service.

Il ne restait plus qu'à voir Pauline, pour lui dire en quel état j'avais trouvé son père. La chose semblera toute naturelle, et cependant elle m'offrait quelque embarras.

Où aller pour ne pas compromettre la jeune fille?

Est-ce à son domicile, ou bien à l'atelier? La nuit, dit-on, porte conseil. Le soir a aussi ses bonnes inspirations. Je profitai du soir pour me livrer, après dîner, à ma petite promenade habituelle sur le boulevard du Temple.

Il était à peine sept heures et demie.

Les marchands qui stationnent au Château-d'Eau n'avaient vendu qu'une partie de leur provision de fleurs, et ce qui restait à l'étalage suffisait encore pour embaumer l'air et réjouir la vue des promeneurs.

J'avais parcouru deux ou trois fois l'allée du marché jusqu'à la hauteur de la rue de Lancry, lorsque j'aperçus Pauline avec son panier au bras, et qui se dirigeait vers cette rue.

Aborder la jeune fille, et lui rendre compte de ma visite à l'hôpital, fut l'éclair du moment.

— Je suis heureuse, me dit-elle, de vous avoir rencontré ce soir. La nuit m'eût paru bien longue, si j'avais été obligée d'attendre jusqu'à demain matin pour avoir des nouvelles de mon père.

— N'avez-vous aucune crainte, lui demandai-je, de vous retrouver seule au logis?

— J'y craindrais l'ennui, répondit-elle, si je n'avais pas l'image de la sainte Vierge à la tête de mon lit. Quant aux voleurs, je ne les appréhende nullement. Nous sommes si pauvres qu'ils auraient honte d'entrer dans notre mansarde. Le dernier écu que nous possédions a été donné aux hommes qui ont transporté mon père à l'hôpital.

— Mais, dites-moi, qui prendra soin de votre souper, ce soir?

— Mon souper sera bientôt fait... J'ai laissé sur la table la moitié d'un pain de munition acheté lundi dernier à la caserne du faubourg du Temple. Il est peut-être un peu sec; mais, à mon âge, on a de bonnes dents, et je viendrai bien à bout de le manger.

— Chère enfant! votre père m'a chargé de veiller à vos besoins, et je n'entends pas que vous vous résigniez à faire votre repas avec du pain bis.

Je sortis mon porte-monnaie de ma poche, et je la priai de l'accepter. Il contenait dix francs.

Pauline voulait le refuser ; mais elle le prit sur mes instances réitérées, en se promettant toutefois de me restituer plus tard la somme qu'elle considérait comme un prêt.

Dix francs! pour Pauline, c'était une petite fortune. Elle se mit à additionner cette somme avec celle que lui produirait son travail de la semaine.

— Samedi, dit-elle, je dois toucher à l'atelier trois francs cinquante centimes. C'est le montant de ce qui m'est dû. Ah! que de richesses me viennent à la fois ! Je ne saurais jamais les employer assez bien pour être agréable à Dieu et à mon père.

— Occupez-vous de vous donner ce qui vous est nécessaire, lui répondis-je ; quant à votre père, je me charge de lui porter les douceurs que réclamera sa convalescence.

Nous avions marché tout en causant. Quand

nous fûmes près de la rue du Buisson-Saint-
Louis, Pauline me souhaita le bonsoir, et je
regagnai ma demeure, après être convenu avec
la jeune fille qu'elle me trouverait le dimanche
suivant à la porte de l'hôpital, vers l'heure de
midi.

Le jour étant venu, je sortis de ma cave une
fine bouteille de vieux bordeaux, que j'avais
réservée pour une circonstance solennelle. —
Il vaut mieux, me dis-je à part moi, que ce
vin généreux ranime les forces d'un malade
que d'être bu sans soif à ma table.

Enveloppons avec soin cette bouteille, de
peur de la casser... Je la mis sous mon bras,
ne pouvant faire autrement. J'avais à garnir
mes poches de deux grosses oranges et d'un
pot de confitures.

Chargé de ces différentes provisions, je me
rendis à l'hôpital Saint-Louis, où Pauline m'attendait depuis quelque temps à l'entrée de la
grille.

Je la félicitai sur son exactitude, et je fis
passer immédiatement dans ses poches une

partie de mes provisions, plus deux mouchoirs de toile que je lui destinais, et dont le présent lui causa un vif plaisir. La vue du linge blanc réjouit le pauvre, et il n'est souvent qu'un embarras pour le riche. J'étais donc doublement heureux d'avoir soulagé ma commode, en retirant de l'un de ses tiroirs une partie des richesses si utiles à la pauvreté.

En entrant à l'hôpital, nous fûmes soumis à la visite de rigueur; puis on nous laissa passer.

Nous trouvâmes le père Bernard en bonne disposition; il venait de prendre un léger potage, et ma bouteille de vin de Bordeaux arrivait fort à propos pour qu'on lui en servît un petit verre.

Le médoc produisit un effet merveilleux sur le malade; son teint s'anima peu à peu, et le sourire revint sur ses lèvres. Il était joyeux d'embrasser Pauline et de me serrer la main.

Je lui demandai s'il s'accoutumait au séjour de l'hôpital.

— J'aurais tort de ne pas m'y faire, me répondit-il; je souffre parfois, il est vrai; mais je me console en voyant autour de moi des souffrances plus grandes que les miennes. Je ne suis pas de ces hommes timorés qui ont peur de l'hôpital; j'y fais au contraire des études qui me rendent de plus en plus philosophe. Je me dis, en voyant ouvrir les rideaux d'un lit vacant, où l'on apporte un nouveau malade : Hier au soir, on tirait sans bruit ces mêmes rideaux, pour y laisser dormir un corps dont l'âme s'était envolée pendant la journée.

C'est l'image continuelle de la vie et de la mort.

A quoi bon s'effrayer d'un tableau qui n'est en réalité que celui de la nature ?

Nous ne naissons en ce monde que pour laisser plus tard nos titres et nos droits à un successeur, qui sera dépossédé à son tour.

Si l'hôpital devait assombrir l'esprit de ceux qui ne le connaissent qu'imparfaitement, je me hâterais de leur dire qu'il a ses anges consolateurs.

Je veux parler de ces vierges consacrées à Dieu, n'ayant d'autre famille que les orphelins

qu'elles adoptent, d'autre sanctuaire que l'église,
d'autre demeure que l'hôpital, et pour tout
oreiller le chevet du malade. Elles compatissent
à toutes les misères, et assistent à toutes les
douleurs... Leur cœur semble n'avoir pas eu le
temps d'être éprouvé par le malheur, et cependant il sait le comprendre et le soulager. Pour
elles, point de luxe ni d'éclat. Une robe de bure
leur sied mieux qu'une toilette de ville; cette
robe accompagne parfois la grâce et la modestie
d'une femme dont la beauté plaît sans chercher
à plaire. Chaque heure du jour et de la nuit a pour
elles la même durée et leur procure une tâche à
remplir. Simples dans leurs mœurs et douces dans
leur langage, elles n'ont que des paroles bien-
veillantes à opposer aux injures du méchant qui
les méconnaît. Leur vie calme ici bas s'égrène
jour par jour avec leur chapelet de prières.

Ah! que ne suis-je doué du talent de certains
écrivains, pour retracer toutes mes sympathies
à l'égard de ces saintes femmes! je voudrais
leur consacrer non pas un poëme, mais tout un
livre d'estime et de respect...

— Vous parlez mieux qu'un livre, dis-je au père Bernard ; car c'est votre cœur qui s'épanche en ce moment, et ce qu'il exprime n'est point dépourvu de poésie. Oh ! je suis complétement de votre avis, lorsqu'il s'agit d'admirer la conduite des sœurs de charité ; ce sont des anges que Dieu a envoyés aux affligés pour leur aider à porter leur lourde croix.

Sur les sentiers étroits de la vie où croissent les ronces et les épines, il y a de pâles fleurs qui naissent pour mourir simples et oubliées. Dieu leur tiendra compte un jour, à ces pauvres religieuses, de leur abnégation pour elles-mêmes et de leur amour du prochain, en réunissant leurs âmes charitables, pour n'en former au ciel qu'un bouquet d'immortelles...

Une suite de réflexions en amène d'autres. J'avais parlé au père Bernard du bonheur que le malade, retenu dans un hôpital, doit éprouver le jour où il peut recouvrer sa liberté.

Il me répondit : — La liberté, lorsqu'elle a pour compagne la santé, vaut tous les trésors du monde. Je ne regretterais pas les bons soins que l'on me prodigue ici, si je pouvais jouir en plein air du soleil de mai, et le voir pénétrer dans ma mansarde ; mais, puisque je suis retenu dans mon lit, je me résigne à ma captivité.

Je la trouve supportable, en comparaison de celle que le pauvre prisonnier est quelquefois obligé d'endurer dans les cachots de l'État. Trois mois de prévention sont bien longs pour celui qui attend chaque jour que les juges reconnaissent son innocence. J'ai subi cette rude épreuve, et mon énergie n'a point failli, mon courage ne s'est pas abattu...

Pris pour un malfaiteur qui habitait en Picardie la même commune que moi, et qui avait eu l'infamie de mettre le feu à une meule de blé, je fus signalé comme coupable. On avait vu, le soir du crime, un homme de ma taille traverser le champ où le feu s'était déclaré, et la torche incendiaire avait été retrouvée dans mon jardin. Il ne fallait pas d'autres preuves contre moi. La dénonciation d'un méchant voisin avait suffi pour me perdre.

Je n'ai fait aucune résistance contre la force

armée, et je me suis laissé conduire... en prison.

Là, fort de mon innocence, j'ai attendu avec calme qu'on instruisît mon procès. Je n'eus aucune inquiétude sur mon sort. Je songeais plutôt à celui du coupable qui, plus à plaindre que moi, devait trembler d'être découvert par la justice. Je m'endormais paisiblement chaque soir sur la paille, au bruit sourd des verrous.

Plus heureux que mes juges qui ne travaillaient que faiblement à ma délivrance, je me rappelle qu'un jour je sauvai la vie à une abeille qui s'était fait prendre, dans ma prison, à la toile d'une araignée.

Je lui rendis la liberté avec bonheur! — La mienne ne vint que plusieurs jours après...

En vous retraçant le tableau de ma captivité, ajouta le père Bernard, j'ai voulu vous démontrer que l'homme réellement philosophe se résigne patiemment au malheur, et qu'il doit se soumettre à toutes les épreuves que la Providence lui fait supporter.

— Espérons, lui dis-je, que le temps des

épreuves est terminé pour vous, et ne songeons qu'à votre prochaine guérison.

L'heure était venue de laisser goûter au malade un moment de repos, et nous lui demandâmes la permission de nous retirer.

Je craignais que la conversation ne l'eût fatigué.

Nous partîmes après lui avoir promis de venir le voir régulièrement, moi tous les jeudis, et Pauline tous les dimanches.

Cette promesse ne manqua pas de s'accomplir, et nous nous donnions mutuellement de cette manière des nouvelles du père Bernard.

Près de deux mois s'écoulèrent de la sorte, lorsque, me trouvant près de lui, Bernard m'annonça qu'il était en état de pouvoir sortir de l'hôpital.

Il avait d'ailleurs la permission du médecin.

Je le fis monter en voiture, et, comme il s'agissait de surprendre agréablement Pauline, nous nous fîmes conduire à son atelier.

Une nouvelle à laquelle nous étions loin de nous attendre nous fut donnée.

Pauline ne travaillait plus à l'atelier. Elle l'avait quitté depuis un mois.

— Où est-elle? que fait-elle? demanda Bernard en me regardant avec inquiétude.

— Je l'ignore, répondis-je.

— C'est ce que nous allons vérifier, reprit-il.

Nous remontâmes en voiture, et le cocher nous mena rue du Buisson-Saint-Louis.

Pauline ne nous attendait point; mais l'arrivée d'une voiture à sa porte lui fit pencher la tête à la fenêtre, et elle reconnut son père qui se soutenait à peine sur ses jambes défaillantes.

Elle vint en toute hâte au-devant de lui.

Bernard fut satisfait de la revoir; mais il reçut froidement les embrassements de la jeune fille qui l'aida ensuite à monter l'escalier.

Arrivés chez lui, nous lui présentâmes un siége. Il était à peine assis que son regard se promena tout autour de la chambre.

—Il y a du changement ici, dit-il sèchement à sa fille. Quel est ce cadre noir suspendu à la muraille?

—Un souvenir précieux. répondit Pauline. Il

renferme les cheveux de ma mère. Un artiste a pris soin de les disposer en gerbe. Une pensée règne au milieu d'eux.

— J'approuve l'intention, dit Bernard, et j'excuse la dépense ; mais que font tous ces cartons que j'aperçois sur la commode ? Ne cachent-ils pas des objets de coquetterie ?

— Ils contiennent le produit de mes veilles, répliqua Pauline.

Pour nous en rendre juges, elle les ouvrit sur-le-champ.

Nous vîmes alors des roses et des camellias imités avec une perfection délicate.

— Et pourquoi veilles-tu, petite, reprit doucement le père Bernard ? Tu sais bien que je suis l'ennemi du travail qui prive du sommeil.

— Oh ! maintenant, dit la jeune fille, je me couche de bonne heure ; ma tâche est accomplie, puisque j'ai su me créer une profession, et te procurer une position indépendante.

— Que veux-tu dire ?

— Que j'ai veillé tous les soirs, en rentrant de l'atelier, pour composer des modèles de fleurs que j'ai placés dans les premières maisons de Paris.

On m'a chargé de l'exécution de ces fleurs, et j'en reçois tous les jours des commandes importantes.

J'ai songé à prendre quelqu'un pour m'aider; mais je compte aussi sur toi, mon bon père, pour te charger du soin de livrer les marchandises que nous confectionnerons.

Chacun aura son emploi, tu le vois; mais le tien sera plutôt celui du patron qui dirige ses ouvrières.

— Fort bien! dit Bernard; mais, pour quitter l'atelier et fonder un petit établissement, il t'a fallu quelque argent? Tu as donc eu recours à un emprunt?

La jeune fille me regarda.

— Je comprends, ajouta Bernard. — C'est monsieur...

— L'avance de fonds que j'ai faite, répondis-je, est de celles qu'un père offre à sa fille, et qu'il ne lui réclame jamais.

Bernard me tendit la main. Il était vivement

ému. Tout le temps que le récit de Pauline avait duré, des larmes de satisfaction avaient roulé dans ses yeux.

Il étouffait de joie, et son bonheur ne pouvait être comprimé plus longtemps.

Il serra Pauline entre ses bras, et la combla de baisers paternels.

Cette scène touchante m'a laissé des souvenirs qui ne peuvent que s'unir intimement à ceux de mon enfance. Le jeudi est resté pour moi un jour d'heureuse mémoire.

Si la conduite de Pauline a suffisamment intéressé le lecteur, je terminerai ce récit en lui annonçant que j'ai assisté dernièrement à la bénédiction nuptiale de deux jeunes époux. On priait pour eux avec ferveur dans l'église Saint-Joseph, et j'ai su qu'on avait admiré la couronne virginale de Pauline.

Aucune fleur ne manquait à cette couronne blanche comme la neige, que la jeune fille avait tressée elle-même, et qui était l'emblème de son cœur.

CHAPITRE V

Au nord-ouest de Mantes, sur la rive gauche
de la Seine, il existe un village appelé Bonnières.
Il est séparé de la rivière par le chemin de fer
de Rouen, qui la suit de près dans tout son
parcours.

Bonnières est fort simple dans son aspect; car
peu de maisons dépassent la hauteur du toit des
anciennes constructions en bois qui en bordent
la rue principale.

Cependant, si l'on dirige ses pas vers les sentiers qui mènent sur les hauteurs du village, et que l'on s'arrête près des ruines du château du Mesnil-Renard, on domine alors toute la plaine et ses alentours.

Un panorama charmant s'offre aux regards du visiteur pensif, qui peut aisément voir se dérouler fort loin devant lui le long ruban de la Seine.

De l'autre côté de la rivière, s'élèvent de frais coteaux plantés de vignes, dépendant du village de Bennecourt.

Le soleil, quand il dore ces coteaux, se plaît aussi à changer les reflets des tapis verts qui s'étagent les uns au-dessus des autres. C'est à peine si l'on aperçoit la charrue du laboureur paisible, dont les bœufs vigoureux marchent lentement dans la plaine. Ils apparaissent au loin de la grosseur d'un moucheron suivi d'un moucheron plus petit encore.

Ce dernier, c'est le laboureur, cet homme si utile à ses semblables, et qui vit des grands ignoré. Sans lui cependant que de gens crieraient famine! que de greniers seraient déserts!

et combien verrait-on de palais ou de châteaux
tomber en ruines !

On le dédaigne parfois, le pauvre laboureur ;
on rit de sa contenance et de ses allures. Lui
ne méprise personne. Il se contente chaque année de répandre, dans le sillon aride, le grain
qui doit germer pour nourrir un peu plus tard
l'espèce humaine.

Il a reçu la vie pour donner à son tour l'existence à ceux qui l'entourent. Le dur travail de
la journée fait son bonheur sur la terre ; il n'a
d'autre récompense que le repos du soir.

Après tout, pourquoi le plaindre, s'il se
trouve heureux ? N'a-t-il pas, comme l'habitant
de la ville, le doux sourire d'une femme et de
ses enfants ? Si les plaisirs de la ville lui man-
quent, il possède en revanche les richesses de
la campagne, et les tentations de l'or échappent à ses yeux. Combien de gens, s'ils étaient
moins ambitieux, changeraient, pour vivre
tranquilles et ignorés, leur position contre la
sienne !

Saluons donc là-bas le laboureur, et formons

des vœux pour que l'épi nourricier se charge de grains lourds et blonds pour emplir sa grange.

Mais qu'entends-je? c'est le son plaintif d'une cloche. La prière suit toujours le recueillement.

Demandons à Dieu qu'il protége le clocher bleu du village. Il est si petit, lui aussi, que c'est à peine si l'on voit sa pointe se dessiner dans le ciel. Où sont donc les toits des maisons? Ils ont fondu dans l'espace. Mon Dieu! que l'horizon est grand, et que les grands arbres sont petits!

Puisque tout change de face et s'amoindrit en haut lieu, montons... montons encore... Oublions les ruines du Mesnil-Renard; oublions également le village, pour atteindre le sommet de la colline et nous enfoncer dans l'épaisseur des bois qui couronnent le plateau.

Là règne en roi un chêne deux fois séculaire.

Il ombrage une place immense sous laquelle ont passé bien des existences joyeuses.

Que de rendez-vous s'y sont donnés ! Le couvert a été dressé bien de fois sous cet abri.
On y danse sans craindre l'orage.

L'an dernier je l'ai vu, ce vieux chêne; il
était toujours le même, et semblait ne pas avoir
vieilli. Gais villageois, vous me direz s'il existe
encore; je veux le revoir cette année; car voici
les vacances.

C'est avec l'espoir de passer d'heureux instants à Bonnières que je m'étais décidé, vers
la fin du mois d'août, à prendre place dans les
wagons de seconde classe, à l'embarcadère de
la rue Saint-Lazare, à Paris.

L'affluence des voyageurs était assez grande,
et je trouvai bon nombre de personnes assises
dans la salle d'attente du chemin de fer.

Parmi les voyageurs, je remarquai un prêtre
d'un maintien vénérable, et que ses cheveux
blancs rendaient doublement respectable.

L'impression que je ressentis ne fut pas celle
de deux hommes qui le regardaient; car l'un
d'eux dit tout haut à son camarade :

— Dis donc, Germain, nous aurons un corbeau avec nous. Cela nous portera malheur.

— Bah! repartit l'autre, si tu crains pour tes jours, il ne fallait pas, mon cher Antoine, te mettre en route un vendredi.

Antoine allait riposter; mais l'employé de service à la gare ne lui en donna pas le temps. Il accourut nous délivrer, et nous montra le chemin conduisant aux wagons. Chacun de nous se précipita hors de la salle d'attente, comme des moutons qui se pressent les uns contre les autres à la sortie d'une barrière. Enfin nous nous élançâmes dans le compartiment d'un wagon ouvert à notre impatience.

Germain et son camarade s'y étaient installés avant moi. Ils avaient pris possession des deux places parallèles au fond du wagon, de manière à se réserver pour eux la portière de droite. Six personnes les avaient suivis dans le même compartiment, et j'étais entré pour faire la neuvième. Il se trouvait une place vis-à-vis de la mienne. Nous pensions qu'elle resterait vacante, lorsque l'ecclésiastique que nous avions laissé en arrière, et qui ne tarda pas à nous rejoindre, vint s'emparer de cette place.

Il nous fit un salut bienveillant, en entrant, puis, s'étant assis, il mit son chapeau rond à retroussis sur ses genoux, et prit le bréviaire qu'il avait sous le bras...

— Pas de chance! Germain, dit l'un des deux mal-appris, en désignant du doigt le prêtre qui tenait son livre à demi ouvert. Le corbeau nous a suivis dans l'arche; nous n'aurons en chemin que des idées tristes.

— Mon vieil Antoine, répondit Germain, si la tristesse doit te faire mourir, tu es bien sûr, dans ce cas, de vivre toujours.

Antoine reprit :

— Il est vrai que je n'engendre pas la mélancolie; mais ma gaieté n'aime pas les robes noires.

A l'instant même, et comme pour interrompre les propos d'Antoine, le piston de la locomotive placée en avant du train fit entendre le bruit prolongé de son sifflet de départ, et le convoi se mit doucement en marche. Peu à peu

la force motrice de la machine à vapeur accé-
léra le mouvement des wagons, et nous entrâmes tout à coup sous la voûte sombre des Bati-
gnolles. Nous en sortîmes presque aussitôt, à
notre grande satisfaction, pour revoir la lumière
du jour et l'éclat radieux du soleil qui égayait
toute la campagne.

Nous traversâmes à toute vitesse Asnières, le
bois de Colombes et une partie du village d'Ar-
genteuil, laissant derrière nous Paris, son Arc-
de-Triomphe et le mont Valérien.

Chacun de nous respirait à pleins poumons;
car l'air pur des champs et le doux parfum des
blés mûrs, que les moissonneurs faisaient tomber sous leur faux tranchante, nous arrivaient
à la traverse par l'ouverture des wagons.

J'avais un plaisir honnête à voir la brise
folâtrer avec les cheveux d'une jeune voya-
geuse placée à côté du vieux prêtre. Celui-ci
ne s'occupait pas de sa voisine. Ses regards
étaient plongés dans son bréviaire, qu'il venait d'ouvrir, et la lecture seule captivait ses
sens...

— Et toi, Germain, se mit à dire Antoine avec ironie, tu n'as pas un livre de messe dans ta poche pour nous amuser?

Il ajouta :

— Je ne comprends pas l'habitude ridicule de tous les prêtres en général, qui lisent leur bréviaire en voiture publique.

— Il faut bien qu'ils se donnent un maintien quelconque, répondit Germain.

— Le beau maintien, ma foi, que celui qui consiste à marmotter des orémus entre ses dents! Il me semble toujours entendre réciter à mes oreilles la prière des agonisants. Nous n'en avons certes pas besoin.

— Pour moi, je serais au lit de mort, répliqua Germain d'une voix fausse, mais qui cherchait pourtant à se faire entendre, que ce n'est pas un prêtre que j'appellerais à mon secours, si j'avais du bon vin dans ma cave.

— Bravo! Germain, bravo! s'écria Antoine; tu t'exprimes mieux qu'un bréviaire; car tu parles français et tout le monde te comprend. Vive le vin et la gaieté!

Un rire bruyant sortit en même temps de la poitrine des deux rustres, qui nous regardèrent d'un air goguenard, pour nous inviter à suivre leur exemple.

Nos lèvres se plissèrent plutôt avec un sentiment de dédain qu'avec l'intention de sourire, et les deux amis reprirent le fil de leur conversation animée, sans s'apercevoir du mécontentement général des voyageurs.

Quant au prêtre, il semblait être complétement étranger à ce qui se passait près de lui. Il continua paisiblement ses prières sans affectation et comme un homme entièrement détaché de la terre.

— Je vois avec satisfaction, poursuivit joyeusement Antoine, que tu n'aimes pas les habillés de noir ; cela s'explique, sans doute, par la raison que tu les as connus, quand tu étais enfant de chœur.

— Tu vas trop loin, reprit Germain ; je n'ai jamais mal parlé des prêtres.

— Vraiment ! Tu nous as pourtant prouvé le contraire tout à l'heure. Ton opinion serait-elle aussi changeante que la chape d'un chantre?

— Non; mais puisque tu m'as rappelé le temps éloigné où j'étais enfant de chœur, je ne te cacherai pas que j'ai toujours gardé mémoire de l'homme estimable qui m'a fait faire ma première communion dans mon village. Celui-là était véritablement un bon prêtre. Je le dis avec sincérité.

Abaissant un peu le livre qu'il tenait à la main, le prêtre leva doucement la tête, et regarda Germain avec aménité.

Ce mouvement dura une seconde; puis le prêtre reporta la vue sur son bréviaire.

— A quoi t'a-t-elle servi plus tard, ta première communion? Tu n'es pas plus dévot que moi, sans doute?

— Je ne suis pas sans religion.

— Le voyez-vous revenir à confesse! Je gage que tu fais maigre le vendredi, et que tu refuseras d'accepter aujourd'hui la moitié du saucisson que j'ai apporté pour notre déjeuner.

— Allons donc! reprit alors Germain, comme s'il se réveillait tout à coup au sortir d'un rêve monotone. Tu me prends, mon cher, pour un autre. Lorsqu'il s'agit de manger pour se bien porter, je suis un homme, et je pense entièrement comme toi. Aveignons les vivres...

Les deux amis, s'étant partagé le saucisson avec l'aide d'un couteau, tirèrent chacun un morceau de pain de leur poche, et le fumet de l'ail ne tarda pas à se répandre d'une manière désagréable dans le wagon.

Les voyageurs parurent vivement incommodés de cette odeur nauséabonde; mais Germain et son camarade Antoine n'y firent nullement attention.

Ils achevèrent tranquillement leur repas, en clignotant par intervalles un œil malin du côté du prêtre, qui ne se plaignait de rien.

Pendant ce temps, nous avions fait déjà bien du chemin, et l'on s'était arrêté devant plusieurs stations. Nous avions vu Maisons, Conflans et Poissy. C'est dire que près d'une heure s'était écoulée depuis notre départ.

Le prêtre ferma son livre.

Il contempla alors sur la rive gauche les délicieuses habitations qui s'offrirent à sa vue, entre la station de Poissy et celle de Triel.

Que de jolis parcs! que de vastes prairies émaillées de fleurs passèrent rapidement derrière nous! Il me semblait voir des tableaux enchanteurs disposés le long d'une immense galerie, de manière à égayer la route que nous parcourions.

— Que la nature est belle! qu'elle est grande et infinie! devait dire le prêtre à part soi; car ses yeux paraissaient ravis, bien que sa bouche restât close.

Or, nous avancions toujours.

Triel était déjà loin; Meulan avait disparu aussi. Épône apparaissait...

Aux stations précédentes, quelques voyageurs étaient descendus de notre wagon. J'avais pu me mettre plus en face de l'ecclésiastique, et je fus à même d'observer sa noble figure et la finesse de ses traits.

Antoine et Germain se trouvaient plus commodément sur la banquette où ils s'étaient endormis après leur déjeuner. Ils ronflaient bruyamment. A la station de Mantes, ils se réveillèrent.

On avait annoncé dix minutes d'arrêt. Ils en profitèrent pour descendre et faire une courte libation. Leurs yeux étaient vifs et animés, quand ils remontèrent dans le wagon, et leur conversation redevint aussi intolérable qu'elle l'avait été en partant de Paris.

Ils passèrent en revue les couvents, les séminaires et tout le clergé, dans l'unique but d'insulter à l'habit du prêtre qui voyageait paisiblement avec eux. Celui-ci, calme et refléchi, ne laissa poindre aucun mécontentement sur son visage.

— Il ne dit mot! Sais-tu, Antoine, que ce prêtre-là n'a pas son pareil sur la terre? Nous lui chatouillons pourtant de bien près les oreilles. Il est trop bon, en vérité!

— La bonté chez les prêtres, mon cher Germain, n'est autre, le plus souvent, que de la stupidité ou bien de la lâcheté. Montre-moi donc de la bravoure chez eux, et je m'engagerai demain dans leur régiment. Ah! je voudrais bien les voir un instant en face du canon.

— Ils mourraient de peur, dit Germain.

Le prêtre se retourna un moment du côté de la portière du wagon. Ses traits se contractèrent, et il fronça légèrement le sourcil. Je crois même l'avoir entendu comprimer un soupir; mais il ramena bientôt la tête de notre côté, et la sérénité parut sur son front comme auparavant.

Quel est cet homme? me disais-je en moi-même? Pourquoi se laisse-t-il insulter publiquement? Est-il sourd? ou manque-t-il d'énergie?

— Ah! ah! Germain, reprit Antoine, nous avons là-bas, sur la droite, le château de Rosny... Nous voilà sur la route de Rolleboise... Vois-tu maintenant le tunnel dans lequel nous allons entrer?... Prêtre et laïques, tout le monde ira dans l'enfer... L'antre ténébreux de ce tunnel ne t'offre-t-il pas l'aspect du lieu terrible dont on nous fait peur dès l'enfance ?

— Ta comparaison est juste, répondit Germain ; on croirait effectivement voir l'enfer... Nous y sommes... Le jour a disparu... Dieu ! que la voûte est noire!... Quel bruit infernal!... On ne s'entend plus parler là-dessous... Taisons-nous donc pendant quelques instants...

Le convoi mit près de cinq minutes à franchir la voûte ; puis il sortit majestueusement en décrivant une courbe, pour s'arrêter devant Bonnières.

Au moment où les portières allaient s'ouvrir pour donner passage aux voyageurs auxquels l'employé de la station répétait en passant près de chaque wagon : Bonnières ! Bonnières ! Antoine, qui avait penché la tête en dehors de la portière du côté opposé à la station, laissa tomber son chapeau sur la voie de fer. Ne consultant alors que son intérêt, il sortit précipitamment et s'élança sur les rails.

Germain, qui vit son camarade descendre de

ce côté, se crut arrivé à destination, et l'imita par un semblable élan.

Hélas! à peine étaient-ils engagés sur le chemin de fer, qu'un train express, remontant à toute vapeur vers Paris, rencontra dans sa marche les deux infortunés...

Antoine fut broyé sous les roues de la locomotive, et Germain, pris à l'étroit entre les deux convois, eut la jambe gauche froissée et le pied complétement endommagé.

O malheureuse rencontre! déplorable destinée!

Deux hommes naguère se livraient à de joyeux ébats, et semblaient braver ironiquement la mort, et les voilà couchés sur le sable... L'un est privé de la vie; l'autre se tord les membres, en déplorant le mal que lui fait endurer sa blessure.

A ses cris désespérés, on accourt en toute hâte. On le relève doucement; il est placé loin du danger, et chacun autour de lui s'empresse pour le plaindre.

Un homme plus actif que tout le monde a

déjà préparé des bandes de toile, et tous les instruments propres à opérer un pansement...

C'est le prêtre qui est descendu aussi du wagon. Il était porteur d'une trousse complète, et il l'a mise en évidence.

Il fallait voir avec quelle adresse, quelle douceur et quels soins il fit le pansement. On eût dit un professeur émérite. Toutes les voix s'élevaient pour bénir sa présence.

Les premiers soins donnés, on transporta Germain dans une auberge, où le médecin de Bonnières, qu'on avait mandé, ne tarda pas à venir.

Il approuva le pansement; mais il promit de surveiller les progrès du mal, en venant visiter soir et matin le blessé.

— Monsieur l'abbé, dit-il au prêtre, vous ne paraissez pas étranger à la médecine, ou du moins à la chirurgie; votre pansement me le prouve.

L'ecclésiastique s'inclina modestement en signe d'approbation.

— Je dois donc vous dire à part, poursuivit le médecin, que cette blessure au pied est fort grave, et que nous aurons beaucoup de peine à éviter l'amputation du membre mutilé.

Après ce court entretien, le médecin quitta le blessé; le prêtre s'en constitua l'ange gardien.

La journée se passa avec assez de calme.

Germain, malgré ses souffrances aiguës, reconnut plus tard l'abbé qui l'avait secouru avec empressement. Ses yeux se mouillèrent de larmes d'attendrissement.

— Où est mon camarade Antoine? demanda-t-il. Il m'a donc abandonné ?

— Antoine nous a quittés pour toujours, répondit le prêtre avec une profonde tristesse.

— Oui! je me rappelle maintenant ce qui est arrivé, soupira Germain : Dieu a puni l'un des impies qui vous ont lâchement insulté dans le wagon.

Pour ma part, je suis bien coupable envers vous; car j'ai déchiré votre robe, en méprisant aussi la religion que vous enseignez.

— Germain, reprit le prêtre, l'homme ici-bas n'a rien de commun avec la religion qui vient d'en haut.

Mon habit a pu, sur la route qu'il a parcourue avec moi, être sali par la boue des passants ; mais mon caractère de prêtre n'a jamais éprouvé aucune souillure.

Quant à la religion que les insensés attaquent journellement, elle n'a pas besoin de défenseurs. Elle est assez forte par elle-même pour leur résister. La religion peut-elle succomber, puisqu'elle est invulnérable comme le Dieu qu'elle représente ?

Les prêtres sont les martyrs qu'elle envoie sur la terre pour prêcher la morale aux hommes. N'est pas prêtre celui qui s'offense de ce qu'il doit combattre par la modération. Dès l'instant où ce prêtre possède la foi, rien ne peut changer sa conviction. Car la foi, Germain, est le temple du salut basé sur la confiance en l'Éternel. La foi chrétienne se trouvant bien établie dans le cœur de l'homme, le temple devient inébranlable...

Bien des orages se sont déchaînés contre les grands arbres des forêts... Ils les ont déracinés... Les tempêtes politiques n'ont jamais renversé la religion.

— Ah! monsieur l'abbé, dit Germain contrit, si vous saviez ce que je dois aux secours de la religion et au bon prêtre qui a pris soin de mon enfance, vous seriez indigné de la conduite que j'ai tenue depuis cette époque.

La reconnaissance aurait dû me lier pour toujours à l'habit d'un prêtre. Malheureusement les hommes faibles se laissent entraîner vers le mal par les méchants qu'ils fréquentent. On sourit d'abord en écoutant un mauvais propos; on se plaît plus tard à le répéter, et on blasphème par la suite.

Puisque j'ai manqué gravement aux convenances ainsi qu'au respect qui vous est dû, permettez-moi de vous confesser mes torts, à mon lit de douleur.

Oui, je suis bien coupable envers vous, je le répète. Les détails de ma vie vont vous le faire connaître :

Je suis né au village d'Esmery, près de Guis-
card, dans le département de l'Oise, sous le
toit de pauvres cultivateurs. Mon père, atteint
d'une maladie contagieuse, mourut, hélas! que
j'étais à peine âgé de dix ans. Ma mère, dont
j'ai toujours le souvenir au fond de mon cœur,
ma mère qui m'aimait tendrement, ayant perdu
l'époux qu'elle chérissait, et se voyant abandonnée, sans fortune et sans amis pouvant la
secourir, s'était livrée au plus profond désespoir.

Quand j'allais me placer sur ses genoux pour
la consoler, elle me pressait convulsivement
sur son cœur, et sa bouche brûlante s'impri-
mait sur mon front; mais elle ne me quittait
point sans me laisser sur la joue deux larmes
amères échappées de ses yeux.

— Pauvre petit, me dit-elle un jour, qui
prendrait soin de toi, si je n'y étais plus? Qui
donc saurait me remplacer ici-bas? L'amour
d'une mère est un trésor pour ses enfants; on
ne le retrouve pas pour soi dans le cœur d'une
autre mère. Ne vaudrait-il pas mieux mourir

ensemble? Mon travail quotidien ne suffit pas, hélas! aux charges de notre existence...

Aujourd'hui, mon fils, nous manquons de pain, reprit-elle avec anxiété... Puis elle ajouta avec calme : Qu'est-ce que la vie? Un fardeau dont la mort nous débarrasse. Lorsque celle-ci ne vient pas à temps nous chercher, ne peut-on pas la prévenir?

Oh! si fait, mon enfant.

Disant ces mots lugubres, elle sortit, après m'avoir embrassé.

Elle revint quelques minutes plus tard pour m'embrasser encore. On eût dit qu'elle partait pour un long voyage. Et puis elle paraissait en proie à une vive agitation.

Plus de vingt fois, je la vis sortir et rentrer dans la maison, et je me doutai alors qu'elle préméditait quelque chose d'affreux.

Enfin elle rapporta dans un panier couvert une certaine quantité de charbon qu'elle disposa dans un réchaud placé au milieu de la chambre...

Un homme la surveillait à travers les carreaux de la croisée fermant sur la rue ; mais ma mère ne l'apercevait pas, tant le trouble agitait son âme.

— Maman, que voulez-vous faire ? lui dis-je en tremblant. Pourquoi ces apprêts ?

— Je veux, répondit-elle, appeler la mort à notre secours... Elle ne peut manquer de venir, mon fils !...

Et déjà elle apportait du feu sur les charbons dont elle activait l'embrasement au moyen d'un long tube en fer dans lequel elle poussait son souffle avec force.

— Maintenant fermons bien toutes les ouvertures, dit-elle.

Au même instant, une voix grave se fit entendre ; c'était celle de l'homme qui avait épié les démarches de ma mère.

C'était le desservant de notre commune.

Sa voix m'a tellement frappé, que j'en ai retenu toutes les paroles :

— Dieu ne veut pas que vous mouriez, s'écria-t-il en poussant rudement la porte que ma mère s'efforçait de fermer.

Qui vous a donné le droit de disposer des jours dont le ciel a tenu compte?

— Le malheur! dit sourdement ma mère.

— Quels que soient les maux que vous enduriez sur la terre, lui répliqua le prêtre, vous devez les supporter. Le vrai courage ne se façonne que sur l'enclume du malheur.

Avez-vous perdu tout sentiment religieux, et pensez-vous que Dieu puisse épargner dans sa justice la mère qui sacrifie un enfant à son désespoir?

Non... la vengeance céleste ne pardonne pas ce crime abominable. Vous devez aide et protection à l'enfant que vous avez porté dans votre sein. Dieu ne vous l'a pas donné pour lui ôter la vie...

Ces paroles fermes et touchantes avaient profondément ému ma mère qui s'était agenouillée aux pieds du prêtre.

— Relevez-vous, lui dit-il avec modération. Avez-vous oublié que je suis l'ami du pauvre, le soutien de la veuve et le père de l'orphelin? Pourquoi ne m'avez-vous pas confié vos peines? Peut-être les aurais-je soulagées. Ne suis-je pas en ce monde pour faire le bien?

Ah! vous êtes doublement coupable, reprit-il en s'animant, d'avoir voulu vous soustraire à mes légers bienfaits... Tenez! femme ingrate, qui avez méconnu le cœur de votre frère; j'ai su que vous manquiez de pain, et je vous en apporte...

Le bon prêtre aussitôt déposa sur la table un pain qu'il avait caché sous le pan de sa soutane, et il mit une bourse discrètement à côté du pain.

Ma mère attendrie lui embrassa les genoux, et comme la Madeleine aux pieds du Seigneur, ses cheveux flottants retombaient sur les mains de son bienfaiteur qui lui promettait le pardon de Dieu!...

Germain ne put continuer son récit sans émotion. Il s'interrompit un moment, et regarda le prêtre qui était assis près du lit... Des pleurs sillonnaient son visage.

— Je m'aperçois que mon récit vous touche, lui dit-il.

— **Plus** que vous ne pensez, répondit le prêtre.

Ayant repris son attitude calme et réservée, il engagea Germain à continuer sa narration :

— Ce qui me reste à vous dire, ajouta Germain, n'est pas à ma gloire.

L'estimable prêtre dont je vous parle m'avait pris sous sa protection. Il s'occupa de mon instruction, qui aurait pu être meilleure, si j'avais su profiter des leçons qu'il me donnait. Il me nomma enfant de chœur dans son église, et plus tard il me fit faire ma première communion.

Malheureusement pour moi, j'eus de mauvaises fréquentations au village; j'avais des camarades plus âgés que moi, dont j'écoutais les mauvais conseils.

On raillait ma soumission, et je résolus, à l'âge de quinze ans, de m'affranchir des devoirs qui m'étaient imposés.

Un beau jour, je quittai le village, laissant bien loin derrière moi l'église et son clocher, ma mère, hélas ! et le pasteur auquel je ne fis jamais parvenir de mes nouvelles.

J'ai su que ma pauvre mère était morte de chagrin à la suite de mon départ.

C'est à Paris, où je trouvai une profession, que je me suis complétement gâté le cœur. J'y ai fait la connaissance d'Antoine. Il a un magasin de graineterie à Vernon. Je ne connais point cette ville, et j'y serais descendu en compagnie d'Antoine, qui devait me recevoir chez lui, sans l'événement affreux qui nous est arrivé.

Vous savez maintenant le reste.

— Je sais tout ; vous l'avez prononcé, murmura le prêtre. Je sais, enfant cruel, que vous avez délaissé indignement la mère qui vous chérissait, et le prêtre qui, vous tenant lieu de père, vous aimait comme un fils... Il vous a bien cherché, ce prêtre !

— L'auriez - vous connu ? demanda Germain.

— Oui, répondit le prêtre en baissant les yeux.

— Dites-moi, je vous prie, vit-il encore ?

— Oui, reprit le prêtre en gardant le même maintien.

— Est-il toujours en Picardie?

— Non, fut-il répondu.

— Il est peut-être à Paris?

— Point en ce moment.

— Mais où est-il donc, si vous le savez? Ah! que je serais heureux de le revoir... Et Germain pleurait...

Où est-il? où est-il? répétait-il avec effusion.

— Près de vous, soupira le prêtre.

— Je m'en doutais, s'écria Germain... Et c'est ce prêtre, l'ami du pauvre, le sauveur de ma mère, le protecteur de son enfant, que j'ai insulté sur ma route!

Ah! je vous le disais bien tout à l'heure, monsieur l'abbé, que je suis le plus grand coupable de la terre. Pourquoi ne m'avez-vous pas atteint de tout votre mépris?

Le soufflet moral qui vous a été donné, un homme moins patient que vous nous l'eût rendu sur la joue. Vous avez été trop indulgent, mon père!

— La patience est l'arme froide de la raison, comme elle est aussi l'arme inoffensive du prêtre. A partir de l'âge de trente ans, je n'en ai jamais eu d'autre.

— Et avant cet âge? dit Germain.

— Avant, répondit le prêtre, j'avais une autre arme à ma disposition.

— Laquelle, s'il vous plaît?

— C'est mon secret!...

Dans le moment de cet entretien, le médecin entra pour visiter le blessé. Il lui trouva le pouls fort agité, et s'inquiéta du mal.

— Voyons votre pied, lui dit-il.

Les bandes ayant été défaites et les compresses enlevées, le médecin hocha la tête d'une manière fort expressive.

— Le mal empire, docteur, dit à voix basse le prêtre.

— Sans aucun doute, reprit de même le médecin. L'amputation du tarse devient nécessaire; mais j'appréhende les suites de cette amputation. S'il n'était pas si tard ce soir... Demain matin de bonne heure, dit-il au malade, je serai près de vous. Il vous faudra du courage et de la résignation, si vous voulez que je vous sauve.

Germain regarda l'ecclésiastique.

— Le blessé a du courage, répondit ce dernier. Il se soumettra à l'amputation, puisque vous la jugez urgente...

Le médecin sortit de la chambre.

— Monsieur l'abbé, dit Germain, quand il fut seul avec le prêtre, je consens à supporter toutes les souffrances qui me sont réservées; mais c'est à la condition que vous ne refuserez pas ce que je vais vous demander.

— Est-ce une chose possible? fit le prêtre.

— Elle dépend de votre volonté, répliqua Germain.

— Je me rends, dans ce cas, à vos vœux. Que désirez-vous?

— Vous me satisferez, en me faisant connaître le secret dont vous m'avez parlé avant l'arrivée du docteur.

Le prêtre hésita.

— Parlez, dit Germain, je vous en conjure!

Si la chose que vous craignez de m'apprendre est un secret, je vous promets, devant Dieu, que ce secret ne sortira pas de mon cœur, et que je l'emporterai dans l'autre monde.

— Soit, répondit le prêtre. Vous saurez donc qu'avant d'embrasser l'état ecclésiastique, mes études m'avaient guidé vers la médecine.

Je sortis de l'école préparatoire pour entrer, à vingt ans, au service de l'État, comme officier de santé.

J'étais connu à l'armée pour avoir l'humeur assez vive et emportée. Je ripostais volontiers à une insulte par un coup d'épée : cela s'explique : j'étais fort sur les armes.

Mon caractère entier ne s'accordait pas non plus avec tout le monde.

J'avais cependant pour ami un jeune lieutenant du régiment. Ses goûts sympathisaient avec les miens, et nous ressentions une affection réelle l'un pour l'autre.

Il ne se passait pas un jour, une soirée, que nous ne fussions ensemble. A l'armée, on nous appelait les deux frères. Il n'existait réellement pas d'union plus franche et plus cordiale que la nôtre. Si nous bravions les mêmes dangers, nous savions prendre part aussi aux mêmes plaisirs, lorsqu'ils nous étaient offerts. Nos joies ne formaient qu'une allégresse, et nous puisions le peu d'argent que nous possédions dans une bourse commune.

Cyprien, c'était le nom de mon ami, jouait facilement avec un fleuret. J'avais été son maître d'escrime, et je lui avais enseigné toutes les feintes adroites qu'exige l'art de tuer son semblable.

Dans un banquet d'officiers, où nous étions un soir réunis, Cyprien, dont le cerveau commençait à être échauffé par le champagne et les vins fins que nous avions bus, et qui entendait chacun raconter ses prouesses et citer le nombre de duels qu'il avait eus, Cyprien se vanta aussi de son savoir-faire.

Il était brave, je le savais, puisque je lui avais servi de témoin dans une rencontre fratricide sur le terrain. Mais il ne se borna pas à parler de son courage et de son adresse vis-à-vis des autres; il m'attaqua bientôt en face, en se disant plus habile que moi.

— Si nous n'étions pas amis, s'écria-t-il, j'aurais du plaisir à tuer mon maître, pour établir en grand ma réputation.

Et il me désignait d'un doigt provocateur,

Me trouvant comme au supplice, je l'engageai deux fois à se taire; mais il redoubla d'audace envers moi.

Je me fâchai. Il sut en profiter alors pour amener tous les rieurs de son côté.

Indigné de sa conduite, je ripostai à ses attaques. Il persista à se dire plus fort que moi sur les armes, et je lui donnai un démenti formel.

C'est en pleine table alors qu'il me provoqua résolûment.

— Cyprien, lui dis-je la rougeur au front et la colère à la bouche, tu as voulu briser notre amitié, eh bien! je briserai de même ton épée au bout de la mienne.

— C'est ce que nous verrons demain matin,

répondit Cyprien en me lançant un regard terrible...

Nous nous étions donné rendez-vous sur la
lisière d'un bois touffu, et le combat s'engagea
devant des témoins qui nous regardèrent tranquillement croiser le fer.

La confiance que nous avions chacun dans
notre arme, nous fit exécuter des coups d'une
adresse prodigieuse. Nos épées ne restaient
pas une seconde inactives, et le soleil, qui commençait à paraître, les faisait briller comme
deux couleuvres agiles qui savent s'éviter en
passant rapidement l'une sur l'autre.

Enfin, par un coup fourré, la fatalité voulut
que nos fers atteignissent leur but...

Je frappai mortellement mon adversaire
près du cœur, et lui-même me blessa légèrement au-dessous de l'aisselle.

En voyant Cyprien tomber sur mon épée, je
fis un mouvement en arrière pour la retirer;
mais il était trop tard...

Cyprien s'affaissa sur le bord du bois, et fit
un dernier effort pour me tendre la main.

— Frère, me dit-il d'une voix éteinte, je meurs coupable ; car c'est moi qui fus l'agresseur... Pardonne-moi !...

A ces mots, je me jetai éperduement sur son corps que j'étreignis entre mes deux bras. Je suçai même la plaie afin d'en faire sortir le sang ; mais il reflua vers le cœur.

Je soulevai dans mes mains la tête pesante de Cyprien ; son maintien annonçait une mort prochaine, et ses beaux yeux bleus, dont les miens sondaient la profondeur pour y retrouver la vie, s'éteignirent bientôt devant un reflet du ciel.

— Ah ! mon pauvre Cyprien ! m'écriai-je en laissant retomber sa tête sur la mousse... Mon bien-aimé ! mon frère !... je t'ai tué ! Malheur ! malheur sur moi ! Je suis un descendant de Caïn. Fallait-il que ta mère te donnât le jour pour périr de ma main ! Toi, si noble et si courageux devant le danger !...

Duel infâme, tu me prives d'un ami sincère. Je te voue à la malédiction du monde entier !...

Le fléau de la guerre ne suffit-il pas pour décimer les hommes? La peste et la famine suivent de près ce fléau. Qu'avait-on besoin du duel et de ses partisans?... Le duel, c'est la mort du prochain...

Je jetai mon épée au loin... Une goutte de sang s'en détacha et tomba sur la feuille d'un hêtre. Je recueillis cette feuille tachée que je garde sur moi.

— Que ce soit, dis-je en m'agenouillant près du corps de Cyprien, la dernière goutte de sang versé. Je fais vœu de me consacrer au service de Dieu et de l'humanité souffrante. Mes prières auront aussi pour but de demander chaque jour à Dieu l'abolition du duel entre les hommes.

On eut beaucoup de peine à me détourner de l'endroit fatal où l'on enterra le corps de Cyprien.

Un mois après, je quittais le régiment pour entrer dans les ordres.

Je crois avoir suivi jusqu'à présent les préceptes de l'Évangile, en supportant avec calme et résignation toutes les injures qui ont pu m'atteindre.

— N'en doutez pas, dit Germain, quand le prêtre eut fini de parler. Votre conduite dans le wagon a été admirable. On vous a traité de lâche, et vous n'avez point relevé l'offense. Elle a dû, cette offense, laisser des blessures saignantes dans votre cœur.

Me pardonnerez-vous la mienne, ô mon bienfaiteur ?

— Vous savez bien qu'un père pardonne toujours à son fils, répliqua le prêtre. Ne vous ai-je point aimé jadis comme mon enfant, et votre mère comme ma sœur?

Germain versa des larmes de joie et de repentir...

Comme la nuit approchait, le prêtre le laissa reposer.

Le lendemain matin, il entra dans la chambre avec le docteur.

Germain était prêt à subir l'amputation. Il l'endura avec un sang-froid remarquable. L'opérateur en fut étonné; mais Germain se hâta de dire en regardant l'ecclésiastique :

— Il y a des souffrances morales plus fortes que celles que je viens de supporter..

Le prêtre seul comprit ces paroles. Le médecin se retira.

Pendant tout le jour une fièvre ardente s'empara du malade. Il était fort agité. L'abattement suivit cette crise fébrile, et le mal fit des progrès affreux.

Germain sentit qu'il devait succomber.

Il appelait constamment le prêtre, et lui faisait mille questions religieuses.

— C'est que, lui dit-il, l'instant de la mort approche. Je veux savoir si je trouverai grâce devant Dieu, après avoir reçu pieusement la communion.

Le prêtre lui donna toutes les consolations qu'il demandait à cet égard, et Germain ne cessa de prier tout bas et de répéter dans la journée :

— Mon Dieu! ayez pitié de moi.

La communion le rendit heureux... Vers le soir, sa bouche articulait encore le nom de Jésus au moment même où il expira...

Je m'étais intéressé au sort de ce malheureux, et chaque jour je m'informais de ses nouvelles auprès de l'aubergiste, qui m'avait mis au courant de ce que j'ai raconté.

Lorsqu'il m'apprit la mort de Germain, je me promis d'assister à l'enterrement, pour mieux voir le vénérable prêtre qui avait secouru le blessé jusqu'au dernier moment.

A cet effet, je me rendis de bonne heure le lendemain au cimetière. C'est alors que je pus me faire une idée de la tristesse qu'inspire un cimetière de campagne.

Quelques croix noires plantées çà et là sur des buttes de terre indiquaient bien la présence d'êtres inanimés; mais le restant du terrain, couvert d'herbes sauvages, ressemblait à un champ inculte.

Comme je me dirigeais lentement derrière l'église construite dans ce terrain, et dont les vieux murs sont soutenus par d'autres en forme d'éperon, d'une vétusté remarquable, j'aperçus deux fossoyeurs occupés à fouiller la terre. Je devinai aisément que la fosse qu'ils avaient déjà préparée était celle du pauvre Germain.

Des ossements humains gisaient à côté de ce gouffre béant. A peu de distance de là, une fosse récemment comblée s'offrit à ma vue.

Je demandai aux fossoyeurs si elle ne contiendrait pas les restes du malheureux Antoine, qui avait péri victime de son imprudence.

— Oui, me répondirent-ils, et dans quelques instants il aura près de lui son camarade Germain.

J'étais suffisamment renseigné, et je pouvais m'en aller; mais revenant sur mes pas, je voulus savoir pourquoi les fossoyeurs semblaient avoir fouillé le sol déjà occupé, pour en déranger les os, au lieu de creuser une fosse dans les endroits libres du cimetière.

Celui que je questionnai parut surpris de ma demande.

— Vous ignorez donc, me dit-il, que tout le cimetière est plein? Il y a sous cette terre autant de morts que de touffes d'herbe. Rustres et nobles, bourgeois et notables, tout le monde est enterré sans distinction aucune. Nous seuls connaissons à peu près la place où chacun a été inhumé. Ici, fit le fossoyeur avec sa bêche, c'est l'ancien curé, là, le maire, plus loin, la femme du notaire, à côté...

— Quoi! dis-je en l'interrompant, on marche sur eux sans nul respect!

— C'est l'habitude du pays, répondit l'autre fossoyeur.

— Ah! l'ingrate coutume que celle de n'offrir aucun culte aux mânes de ses père et mère!

Le fils, en succédant à son père, et le neveu, en recueillant l'héritage d'un oncle, peuvent-ils songer à leur mémoire, quand la reconnaissance n'a élevé pour eux aucun monument durable?...

Craignant alors de marcher au milieu du cimetière, je levais doucement les pieds pour les poser sur l'herbe humide...

En ôtant à cette herbe la rosée du matin, il me semblait ravir aux morts, dont je troublais le repos, les seuls pleurs répandus sur leur tombe.

Cette crainte m'avait rendu presque immobile.

Je regardais passer vivement les wagons au-dessus du mur de clôture du cimetière, lorsque le convoi de Germain me fut annoncé d'un autre côté par le bruit que faisait en marchant le porte-tintenelles. Il était suivi des frères de charité portant le corps.

Derrière lui venait le prêtre qui voulait accomplir sa mission jusqu'à la fin.

Puis, le curé du village, les chantres, le bedeau et le sacristain, sans oublier les enfants de chœur.

J'entrai dans l'église avec le cortége...

Le service fut simple et imposant. Beaucoup de paysans y assistaient.

Après la cérémonie, on s'achemina au fond du cimetière.

Le brouillard du matin s'était changé un moment en pluie froide. Nous avions de la peine à nous maintenir au bord de la fosse. Nos pieds glissaient sur l'herbe.

A un signal donné, le cercueil fut descendu dans sa dernière demeure. Les ossements qu'on avait déplacés furent ramassés par les fossoyeurs et jetés dans la fosse.

Le bruit qu'ils firent en tombant eut un écho dans mon cœur.

Pendant ce temps, le porte-tintenelles ne cessait d'agiter d'une facon lugubre la clochette qu'il tenait à chaque main.

Le prêtre voulut, je crois, prononcer un discours sur la tombe de Germain. Il leva doucement les yeux au ciel; mais un sentiment de vive émotion l'empêcha de parler longuement. Il se contenta d'adresser quelques paroles d'adieu au pauvre Germain.

Une larme échappée de sa paupière, comme une perle précieuse, tomba dans la fosse avant que la terre n'y descendît...

L'esprit pensif, j'étais resté penché sur cette tombe... Quand je me relevai... le prêtre avait disparu...

Tout aussitôt le sifflet du chemin de fer se fit entendre.

Je vis de nombreux voyageurs s'arrêter devant la station de Bonnières; ils étaient joyeux; car le soleil avait reparu, et sa lueur bienfaisante éclairait tout l'horizon.

Leur joie ne fit que m'attrister. Je rentrai paisiblement dans le village, en disant tout bas :

Combien de jours leur reste-t-il à rire et à s'amuser ?

CHAPITRE VI

SAMEDI — LA FAMILLE

Les embellissements de Paris ont fait des progrès immenses depuis quelques années. Que de rues ont changé d'aspect, pour donner passage à des boulevards, et recevoir elles-mêmes l'air et le soleil dont les habitants étaient privés ! On ne reconnaît plus les abords du quartier Saint-Martin.

La ruche des travailleurs a sans doute été dérangée, et quelques abeilles ont dû se disperser dans les faubourgs de la capitale, et remonter jusqu'au mur d'enceinte ; mais tous les artisans n'ont pas été déplacés. Ceux qui se sont recasés possèdent aujourd'hui des jardins, où l'heure qu'ils consacrent au repos peut gaiè-ment s'écouler à l'ombre des grands arbres et près des corbeilles de fleurs dont ils ont la vue et l'agrément.

Le square situé en face du Conservatoire des Arts et Métiers est du nombre de ces jardins coquets. Journellement les bancs de ce square sont occupés par de nombreux visi-teurs.

Avant que la rue Grenétat ne fût traversée par le boulevard Sébastopol, qui a fait tomber sur sa route toutes les anciennes constructions placées au centre de cette rue, il existait une maison fort élevée, mais étroite, où demeuraient une quantité nombreuse d'ouvriers en chambre.

J'y connaissais un fabricant de petites comé-dies en bois, destinées à faire le bonheur des enfants, à l'époque du jour de l'an.

Ce fabricant se nommait André. Il logeait au quatrième étage. Son logement se composait de deux pièces ; l'une assez grande, qui lui servait d'atelier, de salle à manger et de cuisine ; l'autre fort mal éclairée, dans laquelle on pouvait placer deux lits. C'était la chambre à coucher d'André.

Dans l'atelier on remarquait un établi, deux chaises, une table et un petit poêle carré, en fonte, dont le tuyau allait se perdre dans une cheminée à devanture de marbre, qui ne lui servait point. Autour de la pièce régnaient des tablettes sur lesquelles reposaient des rabots, des ciseaux et tous les outils nécessaires au découpage des pantins, des décors et autres attributs de théâtre.

Mais la profession de fabricant de comédies pour les enfants ne donne pas à l'ouvrier du travail pendant toute l'année. On n'est réellement occupé que trois mois seulement. Que ferait donc l'ouvrier pour vivre le restant de l'année ?

André, qui ne manque pas de prévoyance et qui est laborieux, s'est ménagé deux cordes à son arc. Les neuf mois pendant lesquels d'autres n'ont point d'ouvrage, il les emploie fructueusement à la confection de porte-monnaie. Le cumul n'est pas défendu au pauvre.

Nous avons dit qu'André est laborieux; mais cette qualité, qui paraîtra toute naturelle à ceux qui, comme lui, sont les constants amis du travail, n'est pas sa seule qualité. Il en a d'autres qui le relèvent aux yeux de tous, même parmi les gens de sa classe. Sa vie modeste et honnête est un modèle de parfaite conduite. Peut-être est-elle admirable en certains points ; car elle est remplie d'actes de générosité et de désintéressement sans égal.

André est resté le soutien de sa mère jusqu'à l'âge de trente-cinq ans. Il a constamment refusé toute proposition de mariage. Son amour filial a été une vertu à toute épreuve. André n'avait d'autre confidente que sa mère, dont il suivait les sages conseils, non par devoir, mais avec l'intime conviction que personne au monde ne pouvait lui en donner de meilleurs. Il lui remettait fidèlement le montant de ses gains à la fin de chaque semaine, et la bonne mère se chargeait du soin des dépenses de la maison.

Le dimanche, il donnait joyeusement le bras à sa mère. Tous deux réalisaient alors la promenade champêtre qu'ils avaient préméditée pendant la semaine. On cueillait quelques fleurs dans les bois; puis le soir on rentrait au logis, et l'on se couchait paisiblement après avoir eu le soin de conserver les fleurs dans un verre d'eau.

Le lendemain matin de bonne heure, André se remettait à l'ouvrage.

Qu'on n'aille pas supposer que cet honnête homme, en vivant de la sorte et loin de la société, ait eu pour but de dissimuler quelque difformité, quelque bosse apparente au sourire railleur des méchants. André n'est point disgracié de la nature. Il a même été assez joli garçon.

Celui qui se retire de la société pour cacher ses défauts est ordinairement d'un caractère envieux ou médisant, et n'aime personne. André possède, au contraire, une gaieté franche et naïve qui plaît à tout le monde. Il

est aimant et d'un naturel sensible ; je lui ai
vu plus d'une fois des larmes dans les yeux
lorsqu'il parlait de sa mère.

Malheureusement les existences qui s'enchaînent l'une à l'autre ne sont pas insépara-
bles. André perdit sa mère, et il éprouva toute
la douleur qu'un bon fils peut ressentir. A partir de ce jour, il devint morose. Il lui fallait
décidément une compagne, une autre confidente de ses peines et de ses plaisirs, et il se
décida à se marier. Son choix fut parfait.

La femme qu'il épousa se distinguait par
une douceur exemplaire. Simple dans ses
goûts, elle était heureuse du peu qu'elle possédait dans son ménage, et elle savait offrir à
André ce gai sourire qui convient à l'homme
pour être heureux sur la terre, si le bonheur
était durable.

Une fatalité imprévue vint trancher le fil qui
les unissait. La compagne d'André descendit
dans la tombe, après avoir fait, pendant cinq
ans, sa félicité complète.

Cet événement funeste devait naturellement

impressionner le pauvre André, qui, se voyant une seconde fois abandonné, se sentit de nouveau accablé par un chagrin profond.

Sa santé dépérissait de jour en jour.

— Si j'avais, me disait-il, quelque lien qui me rattachât à la famille, je pourrais désirer la vie; mais seul au monde, répétait-il avec abattement, seul au monde, je n'ai plus qu'à mourir.

Plusieurs années s'étaient écoulées, et j'avais négligé de m'informer des nouvelles d'André.

C'était mal. Le désir de me procurer un porte-monnaie me conduisit rue Grenétat. Peut-être que ce désir fut provoqué par celui de revoir André; car je me reprochais de l'avoir délaissé.

Je me présentai chez lui avec la contenance d'un homme embarrassé, et qui ne sait comment entamer la conversation, lorsqu'il y a longtemps qu'on ne s'est vu. Mais le bon fabricant me reçut à bras ouverts.

— Entrez, me dit-il, soyez le bienvenu. Je suis fort aise de recevoir votre visite. J'ai quelque chose à vous montrer. Venez voir... Venez voir !

Et il m'entraîna vers sa chambre à coucher, où j'aperçus un petit lit près du sien.

— Un lit d'enfant ? lui dis-je avec étonnement. Vous avez donc contracté une nouvelle union ?

— Non, répondit André, j'ai fait vœu de ne pas me remarier. Mais Dieu a pris mon veuvage en commisération. Me sachant résigné à vivre seul, il a voulu chasser mon ennui, en me faisant présent d'une aimable petite créature... Ah ! c'est qu'elle est bien gentille, ma petite Marie ! Je ne connais point d'enfant plus avancée qu'elle pour son âge. On lui donnerait dix ans pour le raisonnement, et elle n'est que dans sa septième année.

— Vous m'intriguez fortement, ajoutai-je. Mais ne craignez-vous pas que la charge d'un enfant, dans votre position, ne soit un peu lourde pour vous ? Je ne vous connais point de fortune.

— Monsieur plaisante, sans doute, reprit

André. A-t-on besoin d'être riche pour faire le bien? Ne suffit-il pas d'agir suivant ses moyens? D'ailleurs je gagne plus de pain en un jour que mon appétit n'en réclame. Avant d'avoir Marie, je laissais des croûtes. Depuis qu'elle est avec moi, il n'y a plus rien de perdu. Nous mangeons notre pain de quatre livres en deux jours. Ah! c'est qu'elle a de bonnes dents, ma fille. Il faut l'entendre croquer une pomme ou casser des noix. Vous la verrez tout à l'heure; car elle ne va pas tarder à revenir de la classe.

— Quoi! déjà sous la férule d'une maîtresse d'école?

— Certainement, il faut bien que Marie s'instruise. Quiconque a le désir d'apprendre ne va jamais trop tôt à l'école. L'instruction est à si bon compte depuis que le gouvernement la donne aux enfants du pauvre, qu'on aurait grand tort de n'en pas profiter.

— J'approuve votre raisonnement; mais, dites-moi, je vous prie, comment se fait-il que vous soyez devenu tout à coup père de famille?

— Ce n'est pas tout à coup. Il y a plus de quatre ans que j'ai Marie. Elle avait deux ans et demi lorsque je l'ai adoptée. Je puis au surplus vous dire en quelle circonstance; car la chose est toute simple à raconter.

Par une belle soirée d'automne, j'avais fait une excursion autour des halles et de la fontaine des Innocents. Je retournais tranquillement vers mon logis, en me dirigeant par la rue Montorgueil et celle du Petit-Carreau, lorsque, arrivé dans la rue Marie-Stuart, j'aperçus au-dessus des toits une cheminée de laquelle s'échappaient des flocons épais d'une fumée noire et entremêlée de flammes ardentes. J'entrai dans la rue où la foule commençait déjà à grossir, et j'entendis tout aussitôt les cris : Au feu! au feu! répétés par de jeunes garçons qui couraient au-devant des pompiers qu'on avait avertis.

La maison incendiée se trouvait à côté d'écuries et de magasins à fourrages. On entendait hennir les chevaux effrayés par la lueur éclatante du feu qui éclairait les toits d'alentour et pénétrait jusque dans la retraite des malheureux animaux.

J'aurais pu disparaître de la foule avant l'arrivée des pompiers; mais la pensée me vint alors qu'on pourrait m'accuser de n'avoir pas voulu prendre part à ce qui allait avoir lieu, et je résolus de passer la nuit sur la place plutôt que de m'enfuir devant un danger qui réclamait le prompt secours de tous les assistants. On se mit à l'œuvre. Les pompes jouaient avec force, et leurs nappes d'eau traversées par les flammes semblaient retomber en larmes de cristal.

Pendant ce temps, des pompiers munis de leur hache sapaient dans la maison, et faisaient passer par les fenêtres tous les objets pouvant alimenter le feu. Tables, chaises, matelas et toutes espèces de meubles s'abîmaient dans la rue.

Au milieu du bruit de l'incendie et de celui des meubles brisés sur le pavé, un cri perçant se faisait entendre. Une femme appelait au secours. Il me semble encore la voir agiter son mouchoir à l'un des étages supérieurs de la maison. Un pompier se dirigea vers elle... Il l'obligea à quitter la barre d'appui de la fenêtre à laquelle elle s'était cramponnée; puis il l'enleva dans ses bras, et disparut avec elle au milieu des flammes... Quand il l'amena vers nous, elle était pâle, défaite. Ses cheveux flottaient sur ses épaules, et sa robe paraissait complétement brûlée.

Il la posa sur un matelas, et nous vîmes que la pauvre femme avait été dangereusement atteinte par le feu. En se tordant sur son lit de douleur, elle poussait des gémissements affreux.

— Ce n'est pas moi, dit-elle, qu'il fallait sauver... c'est mon enfant!... Après avoir jeté un dernier cri... elle expira.

Le pompier qui l'avait secourue était blessé. La sueur et le sang inondaient son front. Son casque était tombé à terre, et lui-même s'était affaissé, vaincu par la fatigue.

— Qui sauvera l'enfant de la malheureuse mère? m'écriai-je soudain... Personne ne répondit...

Prendre alors le casque du pompier, l'enfoncer sur ma tête et abaisser les jugulaires, fut pour moi l'affaire d'un instant, et je m'élançai dans la maison.

Un bras voulut me retenir; mais je le repoussai vigoureusement.

Je montai en toute hâte le premier étage de l'escalier. Aucun obstacle ne m'arrêta. Au second étage, la fumée d'un tison tombé sur une marche faillit m'aveugler; mais, ayant repoussé ce tison avec mon pied, une vive lueur s'en échappa. Je vis assez clair alors pour gagner l'étage supérieur, d'où sortait la plainte d'un enfant. — Dans quelle chambre était-il? — Je n'en sais rien. Sa voix seule dirigea sûrement ma main, et je le pris dans son berceau au moment même où le plafond s'ouvrait au-dessus de ma tête.

Je connaissais les détours de l'escalier, et je m'y précipitai; mais, lorsque je descendis, les marches étaient brûlantes. Tout craquait autour de moi. J'entendis un bruit tellement confus, que je fus saisi de vertige. Je recomman-

dai mon âme à Dieu. Quelqu'un m'aperçut à la
hauteur du premier étage. Deux pompiers vinrent aussitôt à moi, et m'aidèrent à retrouver
mon chemin... Il était temps ; car, un peu plus
tard, la maison s'écroulait tout entière, et j'aurais été enfoui sous les décombres.

La foule, m'apercevant sain et sauf avec l'enfant, m'accueillit par mille acclamations de
joie et d'enthousiasme. Il semblait que j'eusse
opéré un miracle, et cependant je n'avais rien
fait de surnaturel.

— Vous n'avez commis rien moins qu'un acte
de courage, dis-je à André ! J'ai hâte de savoir
quelle en a été la récompense.

— On s'est informé sur-le-champ de mon
nom et de ma demeure, continua André.

— Très-bien ! Et l'on vous a décerné plus
tard la médaille que vous aviez méritée.

— Ah ! j'ai eu mieux que cela, repartit le
brave ouvrier.

— Auriez-vous eu la croix d'honneur ?

— Cette récompense-là n'est rien en comparaison de celle que j'ai obtenue.

— Quelle a donc été votre récompense ?

— Eh quoi ! vous ne devinez pas ce qu'on m'a donné ?

— Non vraiment.

— Eh bien ! vous allez le savoir, reprit André en ouvrant la porte d'entrée, où l'on venait de frapper légèrement.

— Voilà ma récompense !... Et il me présenta une petite fille fraîche comme une rose, qui me fit un sourire charmant.

— Marie ! m'écriai-je... l'enfant que...

André m'interrompit avec intention.

— Oui, Marie ! ma fille bien aimée, dit-il en l'embrassant. Puis, mettant un doigt sur sa bouche, il me fit signe d'être discret.

Je compris son mouvement et le secret qu'il voulait garder. Je demandai seulement à Marie si elle était heureuse de revoir son père.

— Oh ! oui, dit-elle en joignant doucement ses deux mains mignonnes, je suis très-heureuse, quoique cependant je sois bien triste aujourd'hui.

— Quel en est le motif, chère enfant? demanda André.

— Ma tristesse provient de ce que m'a raconté tantôt une petite fille nouvellement admise à la classe. Elle m'a dit qu'elle était orpheline! Son malheur m'a tellement touchée que j'en ai pleuré!... Ce doit être bien pénible, en effet, n'est-ce pas, de n'avoir plus ni père ni mère? J'ai perdu maman, je le sais; tous mes regrets sont pour elle; mais toi, si je te perdais aussi, cher petit père, je mourrais de chagrin...

André pressa Marie contre son cœur... Il y eut un moment de silence... Puis il me regarda d'un air significatif.

S'approchant de mon oreille, il me dit tout bas :

— Qu'il sera donc cruel pour moi, le jour où il faudra apprendre à cette enfant qu'elle n'est pas ma fille! Ah! je donnerais le peu que je possède pour qu'elle restât toujours enfant...

Le visage d'André s'était assombri. Je le vis

rêveur, et je crus devoir changer le sujet de la conversation.

J'admirai la pendule de marbre qui ornait la cheminée.

— Savez-vous, André, que le modèle de cette pendule est charmant?

— Ah! c'est juste, me répondit-il; vous ne la connaissiez pas. Je ne la possède que depuis la mort de ma femme.

— Pauvre mère! elle ne l'a pas vue, dit la petite fille en soupirant.

André reprit sans désabuser Marie :

— Ma femme eût été joyeuse sans doute de voir cette pendule; car le but de ses économies tendait à s'en procurer une semblable. Je sais, pour ma part, qu'il m'a fallu mettre de côté la paye de plus d'une semaine pour l'acheter, et j'y attache un prix immense, en raison des privations que je me suis imposées. Il faudrait des circonstances tout à fait malheureuses pour m'obliger à la vendre. C'est qu'aussi chacun tient à son petit mobilier. Et puis, ajouta André en souriant, ne faut-il pas suivre l'élan de son siècle ? Qui n'a pas, de nos jours, l'ombre d'une idée de luxe dans l'esprit ? Ma pendule était mon rêve de luxe à moi : j'ai voulu qu'il se réalisât. Je ne désire plus rien maintenant.

— Et le commerce, dis-je à André, en êtes-vous satisfait ?

— J'ai plus de travail que je n'en puis faire. Il m'est arrivé une commande de cinq cents théâtres pour la province, et je dois les livrer samedi prochain. Comme il y a peu de jours que j'ai reçu cette commande, et que je n'aurais jamais pu l'exécuter tout seul, j'ai donné une partie de l'ouvrage à des ouvriers qui, moins heureux que moi, seraient restés inoccupés.

— De sorte que vos porte-monnaie...

— Se reposent en ce moment, poursuivit André.

— Cela tombe mal ! Je venais dans l'intention d'en choisir un pour moi.

— Revenez de samedi en huit ; je pourrai sans doute satisfaire à votre désir.

Je pris congé d'André. J'étais déjà loin de sa maison que je me croyais encore près de lui et l'entendre parler.

Le tableau de l'incendie auquel il avait assisté se représentait devant mes yeux. Il me semblait voir des flammes s'élever au-dessus des toits que j'apercevais devant moi. Mon oreille croyait entendre les cris de désespoir d'une mère qui réclamait son enfant. Et je me retraçais alors l'élan de bravoure de l'intrépide André qui sauvait Marie au péril de sa vie. Il l'a adoptée, cette enfant, me disais-je. Oh! le noble cœur! L'étoile de l'honneur n'est rien pour lui en comparaison de sa petite Marie, dont il est heureux de se dire le père. Avec quel désintéressement il a accepté la charge que certaines gens repoussent comme un déshonneur! Nul contrat ne l'y obligeait; c'est de son plein gré. Ah! s'il existe des hommes assez barbares pour étouffer dans leur cœur les sentiments paternels, qu'ils viennent chez André pour puiser des leçons de sagesse. Ils apprendront à aimer les liens sacrés de la famille...

Je fus donc vraiment heureux d'avoir renoué connaissance avec le brave André, que j'avais délaissé à tort; je m'empressai de retourner le voir le samedi suivant.

Je le trouvai près de son petit poêle en fonte, occupé à le remplir de charbon de terre.

— Mon Dieu! qu'il fait froid dehors! lui dis-je en entrant.

— Le mois de décembre promet d'être rigoureux, répondit André. Les malheureux vont souffrir cet hiver. Hélas! j'en connais beaucoup. Tout en parlant, André s'occupait à disposer près du feu une bouillotte d'eau. Quand il eut fini, il se retourna de mon côté.

— Vous venez choisir un porte-monnaie, me dit-il, et je n'en ai pas à vous offrir.

— Est-ce que vous n'avez pas terminé votre commande de théâtres? lui demandai-je.

— Si fait. Elle a été livrée samedi matin, comme je l'avais promis; mais je n'ai pas reçu d'argent. On ne règlera que dans un mois. De là l'embarras où je me suis trouvé pour me procurer des marchandises. Mais cela n'est rien.

— C'est beaucoup! lui répondis-je.

— Ah! vous ne savez pas tout. Si je vous disais que le soir même il m'a fallu payer les ouvriers que j'avais occupés; que diriez-vous de moi?

— Je vous plaindrais.

— Il ne faut pas plaindre l'homme qui entreprend une œuvre au-dessus de ses forces. En acceptant la commande qui m'a été faite, j'ai prouvé mon peu de réflexion. Du temps de ma mère, je n'eusse pas agi de la sorte. Qui trop embrasse mal étreint, dit le proverbe. Moi, j'ajoute qu'il ne faut pas se donner des airs de maître, lorsqu'on n'est qu'un simple ouvrier.

Je compris à merveille ma fausse position; car je ne pouvais pas dire aux ouvriers qui viendraient me réclamer leur salaire : Je vous paierai dans un mois. Ils m'auraient répondu : Nous avons femme et enfants; il nous faut du pain ce soir pour notre pauvre famille. Ce mot seul me fit songer à prendre une détermination... Je regardai l'heure à ma pendule, et je vis que la journée s'avançait. Je n'ai pas de temps à perdre pour sauver mon honneur, m'écriai-je. Quand on prend un engagement, on doit savoir le remplir. Ce soir mes camarades seront payés. Ils rentreront chez eux la gaieté dans le cœur et le sourire sur les lèvres; car la semaine aura été productive pour eux, et moi je serai heureux d'avoir accompli mon devoir.

Ma pendule était là pour m'approuver; j'arrêtai son balancier, et je la mis avec précaution dans mon tablier, puis...

— Vous l'avez vendue, André!

— Non, je l'ai portée au mont-de-piété. J'ai du reste, dans ma poche, l'imprimé que l'on m'a délivré en échange. Il fait mention de la somme qui m'a été prêtée.

Tandis qu'il cherchait la reconnaissance pour me la montrer, je tournai tristement mes regards du côté de la cheminée, et je vis, en effet, que la pendule manquait.

André me donna le papier en question; je le lui rendis après avoir reconnu que le prêt ne s'élevait pas à la moitié de l'objet engagé.

— Cinquante francs, c'est bien peu, lui dis-je.

— La somme a suffi pour acquitter mes dettes, répondit André. Dans un mois, j'irai dégager ma pendule, et tout sera dit.

— L'épreuve est cruelle pour vous, ajoutai-je.

— Ce n'est pas une épreuve, répliqua André, c'est une leçon, et j'en saurai profiter. Désormais je veux rester le maître de mon travail, et n'accepter que la portion que je pourrai faire par mes mains. Ce sera le moyen de ne compromettre les intérêts de personne. Les miens seuls seront engagés. Il vaut mieux manger son pain sec que de la viande à crédit.

Mais, pardon, j'oublie, en causant, de préparer certaine tisane, et j'entends grelotter le couvercle de ma bouillotte. Vous permettez? dit André en allant vers son poêle.

— Certainement, lui répondis-je, et si je vous gêne, je suis prêt à me retirer.

— Par exemple! fit André. Restez... restez... Seulement je vous demanderai la permission de m'absenter tout à l'heure.

André prit une théière dans laquelle il mit quelques feuilles de tilleul, puis il versa dessus l'eau bouillante, et laissa l'infusion s'opérer. Lorsqu'il fut à peu près certain que la tisane pouvait être offerte, il en versa dans une petite tasse à café où se trouvait un morceau de sucre bien blanc et une petite cuiller en étain.

— Je suis à vous dans un instant, me dit-il en mettant la tasse sur une soucoupe qu'il porta doucement. Je vais chez une voisine qui m'attend.

André disparut.

— Quelle est cette voisine? me disais-je à part. Il y a encore quelque mystère là-dessous.

Lorsqu'il revint, je le vis inquiet.

— Excusez-moi si j'ai été longtemps... La malade était si heureuse d'avoir quelqu'un près d'elle, que j'ai craint de l'abandonner trop tôt. Maintenant je vais faire de la bouillie pour

son jeune enfant, car la pauvre mère n'a plus
de lait pour le nourrir.

— Et c'est vous qui lui prodiguez des
soins?

— Il le faut bien, puisqu'elle n'a personne
au monde pour la secourir.

— Connaissez-vous sa maladie?

— Oui, répondit André.

— Quelle est-elle?

— Le chagrin.

— Cette maladie est parfois mortelle.

— En ce cas, je crains pour la vie de ma
pauvre voisine, soupira André.

Il se mit à préparer la bouillie... Je le quittai après cet entretien.

En sortant de la rue Grenétat, je descendis
la rue Saint-Martin, pour aller rue Aumaire. A
peine étais-je entré dans cette rue, que j'aperçus un groupe de gens qui entouraient une
charrette à bras que l'on avait conduite sur la
place où se trouve le portail latéral de l'église
Saint-Nicolas-des-Champs. Cette charrette
contenait le pauvre mobilier d'un ouvrier qui,

disait-on, avait voulu déménager sans payer son terme.

Le propriétaire avait été prévenu, et il s'opposait, comme de juste, à l'enlèvement des meubles de son débiteur.

C'était un petit vieillard au teint vivement coloré. Il portait une casquette de forme ridicule, et la veste en laine grise qui lui servait de justaucorps présentait à gauche et à droite deux gouffres profonds où il appuyait fortement les poings. Son maintien commun était soutenu par d'affreuses menaces.

— A-t-on été quérir la garde? s'écriait-il avec force. Où est-il, l'infâme voleur? Il me laissera tout ce qu'il a, ou bien je le fais mettre en prison.

L'ouvrier s'approcha.

— Ah! par pitié pour ma femme et mes enfants, laissez-moi emporter les vieux matelas sur lesquels nous devons reposer ce soir. Le lit qui les accompagne est en bois peint. Ma commode en noyer a besoin de réparations; elle a été gâtée par l'humidité de la mansarde où vous m'avez logé. Voyez cette table à laquelle il manque un pied; le bois en est vermoulu. Je possédais deux chaises, elles sont défoncées. Que ferez-vous des lambeaux de ma misère? Le marchand refusera de vous les acheter. Voulez-vous qu'ils pourrissent dans votre grenier, quand je puis les utiliser? Laissez-moi partir, je vous en conjure! Le premier gain que je ferai, je vous promets de vous l'apporter pour acquitter mon terme...

— A d'autres, beau faiseur de phrases! répondit le propriétaire. Je ne me nourris pas avec des promesses. Si l'on vous écoutait, vous et vos pareils, les propriétaires mourraient de faim, ou bien ils deviendraient vos très-humbles serviteurs. Il me faut de l'argent, sinon je retiens vos meubles.

— Femme, dit l'ouvrier accablé, résignons-nous.

Puis, relevant fièrement la tête devant le propriétaire inhumain, il ajouta :

— Usez de vos droits, monsieur; prenez ce que je possède; prenez jusqu'à mon lit, bien

qu'aux termes de la loi je puisse vous le dis-
puter; mais j'aime mieux tout perdre que d'es-
sayer de vous apitoyer sur mon sort.

— C'est mal, disait l'un : on ne doit pas lui
enlever son lit.

— Fort bien ! répondait l'autre. De la sorte,
celui qui n'a qu'un lit pourrait donc se préva-
loir de la loi pour ne jamais payer son terme?

— Et il demanderait une indemnité pour déménager, dit un plaisant.

— Décidément, le propriétaire n'a pas tort
de se payer par ses mains, reprit un curieux.

— C'est un homme injuste, murmura son
voisin.

— La raison du plus fort est toujours la
meilleure, dit un passant.

Pendant les débats, un officier de paix arriva.
On lui expliqua l'affaire, qui fut tout aussitôt
jugée.

— Ces meubles sont à vous, dit-il en parlant au propriétaire.

La charrette ne resta pas longtemps sur la
place. Un commissionnaire s'en empara.

Il la conduisit devant une porte cochère qui s'ouvrit pour lui donner passage, et elle se referma ensuite au nez des assistants que l'officier de paix fit circuler dans la rue.

L'ouvrier n'avait point murmuré. Il s'en allait tristement avec sa femme et ses enfants.

Je les suivis pas à pas.

— Que ferons-nous ce soir? dit-il à sa femme, lorsqu'il pensa n'être pas entendu.

— Hélas! je l'ignore, répondit la femme. Il est vrai qu'on se passe de souper quand le cœur est gros; mais où dormir, lorsqu'on n'a point de gîte?

— La Providence est là, repartit l'ouvrier... et les carrières des buttes Chaumont nous sont ouvertes; on y passe aisément une nuit.

— Quel malheur! reprit la femme. Si l'on nous surprend dans ces carrières, nous serons arrêtés comme de vils vagabonds, nous et nos pauvres enfants. Cette perspective est affreuse.

— Il faut la voir avec courage, répliqua l'ouvrier.

La résignation de l'homme et les réflexions de la femme me navraient le cœur.

— Ah ! si André s'était trouvé à la place du propriétaire de ces gens, ce n'est pas lui, me disais-je, qui les aurait chassés honteusement après les avoir dépouillés, lui qui sacrifie son avoir pour autrui.

Le souvenir de sa belle action m'électrisa.

Je n'avais point de pendule pour m'avertir de ce que je devais faire ; mais mon cœur, par son mouvement précipité, semblait vouloir me dire : Hâte-toi de soulager l'infortune que tu rencontres sur ton chemin.

Je frappai doucement sur l'épaule de l'ouvrier, et, lui glissant dans la main le contenu de ma bourse, je lui dis tout bas :

— Vous ne coucherez pas ce soir dans les carrières de Belleville.

— Tu as parlé trop haut, dit la femme en tremblant.

— Ne crains rien, répondit l'ouvrier tout ému, qui s'efforçait de retenir ma main pour la presser dans la sienne. Nous avons de quoi souper à l'auberge, et nous y dormirons paisiblement...

Il lui montra alors ce que je lui avais donné... Tous deux se regardaient avec transport, et les petits enfants sautaient de joie.

J'avais accéléré le pas pour échapper à leurs remerciements ; mais j'emportai avec moi une part de leur allégresse.

On parle de la rosée du ciel si favorable aux plantes et aux fleurs. Ah ! si l'on savait comme une bonne œuvre rafraîchit l'âme, et quel ineffable baptême elle répand sur nous, on voudrait sans cesse faire le bien. Pour y parvenir, il n'est tel que le bon exemple. André m'avait donc été d'un grand secours, puisqu'il était le modèle de la charité chrétienne.

Je retournai le voir vers la fin du mois. Il était gai.

— Ah ! cette fois, s'écria-t-il, j'ai le porte-monnaie que vous pouvez désirer ; car mon approvisionnement est au complet ; j'ai travaillé en conséquence.

Je pus faire aisément mon choix. Quand

j'eus soldé l'objet que j'avais pris, André me dit oyeusement :

— Que remarquez-vous chez moi?

— Je ne vois pas encore votre pendule, lui répondis-je.

— Ne vous en inquiétez pas. Elle est toujours chez *ma tante*, comme cela se dit vulgairement; elle reviendra bientôt, je l'espère. Mais n'apercevez-vous pas un meuble nouveau?

— En effet... et ce meuble ressemble fort à un berceau.

— Vous ne vous trompez pas, reprit André. C'est un berceau, et qui est habité, ajouta-t-il... Approchez-en tout doucement, et vous y verrez un petit chérubin endormi.

— Est-ce qu'il y a eu encore un incendie par ici? dis-je en souriant.

— Non pas précisément; mais je n'en suis pas moins le père du petit garçon que vous regardez dormir, et je vous jure que je l'aime autant que sa sœur Marie.

— De sorte que vous avez maintenant deux enfants, dont un en bas âge.

— Oui, deux enfants, répéta André. Et il s'en présenterait un troisième que je le prendrais encore, si les circonstances m'en imposaient le devoir. Que voulez-vous? j'ai la bosse de la famille. Chacun a son penchant ici-bas. Il faut me pardonner le mien. Tant que mon cœur parlera, je ne serai pas sourd à sa requête. Après tout, pourquoi Dieu met-il des êtres malheureux sur la terre? Pourquoi laisse-t-il sur la route de la vie un pauvre petit être dont la mère a été mise en terre samedi dernier? Pourquoi cette mère était-elle ma voisine? Pourquoi?... Je n'en finirais pas de poser des questions au bon Dieu. Tout ce qu'il fait est bien fait, du moment où l'orphelin trouve un gîte, et la douleur un tombeau.

Pauvre petit Georges! tu vivras, toi, n'est-ce pas? Quand tu seras grand, je te parlerai de ta mère, de celle que j'ai suivie jusqu'à sa dernière demeure. Mais je te cacherai la conduite infâme du père qui t'a renié pour son enfant. Ta mère me l'a nommé à son lit de mort... Je te tairai son nom.

13.

Ah! cher petit ange, si tu savais comme elle était jeune et belle, ta mère, lorsqu'elle vint demeurer près de moi dans cette maison !

Un homme l'aimait, disait-il, et il venait la voir. Pour habiter dans la chambre où elle a vécu pauvre et délaissée, on l'a obligée à quitter les auteurs de ses jours, deux vieillards infirmes qui sont morts à la mendicité. Elle m'a tout raconté, ta mère, et mon cœur a gémi de sa douleur...

Puis se retournant vers moi, André poursuivit :

— Je la vis un soir à la fenêtre donnant sur la rue, attendre silencieusement l'amant qu'elle chérissait. Une heure s'écoula de la sorte... puis une heure encore... J'en comptai trois... j'en comptai quatre... Ce furent des siècles pour la jeune femme. Enfin quelqu'un passa dans la rue... On s'arrêta à la porte de la maison... Le marteau résonna bruyamment... — C'est lui, dit-elle; c'est mon bien-aimé!... Dieu soit loué! Et elle courut au-devant de lui dans l'escalier.

Il méritait des reproches ; elle lui donna un baiser.

Quand ils furent tous deux dans la chambre, il resta quelque temps sans lui parler.

— Que ressentez-vous? dit-elle; vous paraissez souffrant.

— Je souffre effectivement, lui répondit-il; car je viens vous annoncer que je dois cesser de vous voir. Mon père ne veut pas entendre parler de notre union. Il la désavoue hautement, parce que vous êtes sans fortune... Demain ne m'attendez pas...

— Vous m'abandonneriez ? s'écria-t-elle éplorée. Ah! ce serait affreux de votre part! Que ferais-je? hélas! Que deviendrait notre enfant? Vous ne pouvez pas le délaisser. J'ai pu pécher en vous aimant, et je m'avoue coupable à vos genoux; mais lui, notre petit Georges, il n'a pas péché en venant au monde. Vous lui devez... votre protection. Vous lui devez... votre amour. Que vous me priviez, moi, de cet amour dont j'étais fière, j'y pourrais consentir; mais vous ne serez pas assez barbare pour en priver votre enfant.

— On songe à me marier, reprit froidement le jeune homme. Je dois obéissance à mon père, et je ne saurais m'opposer aux vœux qu'il forme pour mon bonheur.

— Soyez heureux en faisant le malheur des autres, s'écria la jeune mère. J'ai trop de courage et de dignité pour vous reprocher vos torts envers moi. Vous m'avez trompée, vous le savez! Vous m'avez déshonorée... Soyez heureux, dit-elle en sanglotant... Adieu!

Le jeune homme partit.

Elle se mit à la fenêtre pour le voir s'éloigner...Lorsqu'elle ne le vit plus, elle rentra dans sa chambre, et tomba évanouie sur une chaise.

A partir de cette époque, sa santé devint languissante. Elle allait cependant tous les matins à l'église.

Un jour, elle y fut en grand deuil. J'ai su depuis, par elle-même, qu'elle avait été prévenue du mariage de son séducteur. Elle eut la force d'assister à la cérémonie. Le jeune homme la vit et baissa les yeux.

De retour chez elle, la pauvre femme proféra ces paroles : Il est marié !

Le soir même, la fièvre s'empara de son corps, et son âme fut troublée. Elle ne pouvait plus allaiter son enfant à peine âgé de neuf mois.

Je vins à son secours et je lui préparai de la tisane, à cette pauvre mère, comme vous avez pu le voir, la dernière fois que vous êtes venu chez moi. Je pris soin aussi du petit Georges ; le malheur a voulu, hélas! que la mère succombât... Il m'est resté son enfant...

Quand André eut fini de parler, petit Georges se réveilla. D'un autre côté, Marie, que je croyais encore à la classe, et qui était allée faire une commission, poussa la porte d'entrée. Elle fit une légère révérence en m'apercevant, et se présenta devant nous avec un pain de quatre livres beaucoup plus grand qu'elle.

— Mon frère est réveillé, dit-elle; je l'entends s'agiter dans son berceau.

— Oui, lui répondit André, il réclame tes soins.

Marie ne se le fit pas répéter. Elle posa le pain sur la table, et prit Georges dans ses bras. S'étant assise avec lui, il lui fallut une seconde ou deux pour le démailloter. Puis elle fit chauffer du linge blanc, tandis que, placé sur le dos, Georges frottait avec satisfaction ses petits pieds nus l'un contre l'autre.

Je regardais avec plaisir la petite fille s'acquitter de sa tâche et fixer les épingles aux langes de l'enfant. On eût dit une femme attentive à ne point blesser son nourrisson.

— Vous êtes surpris, me dit André, de l'adresse de Marie?

— Elle est si jeune! lui répondis-je.

— Il n'y a point d'âge, reprit-il, pour le sentiment de l'amour maternel. Il naît, je crois, avec la femme.

Voyez-la dès l'enfance jouer à la poupée. Ne la berce-t-elle pas sur son sein, et ne lui parle-t-elle pas comme à un enfant? Hé bien, à plus forte raison lorsque l'enfant qu'on lui confie est vivant. La jeune fille fait gaiement son apprentissage de mère, et vous ne l'entendrez jamais se plaindre que ce devoir est au-dessus de ses forces.

Marie n'a pas encore sept ans, et elle me seconde à merveille. J'en ferai un jour une bonne ménagère...

Aidons-nous les uns les autres, a dit l'Évangile. Que le plus fort donne la main au plus faible. Ces principes sont, selon moi, les liens fraternels de la grande famille à laquelle nous appartenons tous.

Je n'ai plus rien à raconter touchant la belle conduite d'André. Si le lecteur me le permet, je lui dirai seulement que je n'ai point cessé de voir le modeste ouvrier.

Le porte-monnaie que j'ai choisi dans son atelier est bien vieux aujourd'hui. Tout s'use avec le temps ! Il n'y a que le cœur d'André qui ne change point.

CHAPITRE VII

Les souvenirs du jeune âge reparaissent toujours devant nos yeux. On dirait que Dieu les imprime fortement dans notre âme, pour que les tableaux qu'ils retracent à notre imagination viennent égayer plus tard nos vieux ans. Les impressions récentes semblent glisser derrière ces anciens souvenirs, qui font quelquefois pleurer l'homme comme un enfant. On aime à se rappeler les jours de son enfance : la mémoire est une glace qui reflète le passé. On retrouve sur cette glace le doux sourire d'une tendre mère que l'on a perdue ; le portrait d'un frère ou d'une sœur ; celui d'un père que l'on regrette. Il y a des moments où le cœur a besoin aussi de se souvenir pour être heureux.

Pour moi, j'ai du bonheur à me rappeler le dimanche des Rameaux. Ce jour, quand j'étais enfant, me donnait de bien douces satisfactions, et je ne pense pas qu'il ait vieilli dans mon cœur.

Il m'apporte tous les ans son buis bénit, aussi frais et aussi verdoyant qu'au temps de mon jeune âge. Il ne me manque que la tendre mère qui me conduisait avec recueillement à l'église...

Je la vois encore, cette église de Belleville, bien qu'elle ait été démolie en 1854, et que sur son emplacement on ait construit une basilique dans un style gothique et ogival. Cette belle construction, avec son double clocher, me fait l'effet d'un château remplaçant une chaumière.

L'ancienne église n'avait qu'un pauvre petit

clocher surmonté d'un coq; mais sa simplicité me plaisait : c'était une véritable église de campagne. Ajoutons que les habitants de Belleville, à cette époque, ne se disaient point Parisiens.

Ils avaient leurs champs de vignes, de lilas et de groseilliers dont ils étaient fiers. Le raisin qu'ils récoltaient sur la côte, ils l'apportaient gaiement au pressoir. C'est sur la place de l'église, dans l'un des bâtiments situés sur la gauche, que se trouvait ce pressoir.

Sur la droite, on remarquait à l'entrée un modeste corps de garde; plus loin et à proximité de l'église, la maison du sacristain avec la sonnette de nuit pour l'avertir. Quelques arbres végétaient sur les bas côtés de la place, où les enfants venaient jouer en sortant de la classe.

Je l'ai traversée bien des fois étant jeune, cette place de l'église, et je regrette de ne plus la retrouver aujourd'hui.

C'est là que les marchandes de buis s'établissaient le jour de Pâques fleuries.

Elles y arrivaient dès le matin, et le prêtre venait bénir les rameaux.

L'homme a du plaisir à revoir ce qui a charmé son printemps.

Je savais qu'on allait détruire ma vieille église, et je désirais lui faire mes adieux un jour de fête.

C'était donc le dimanche des Rameaux, le 20 mars 1853. Je m'étais levé de bonne heure pour me rendre à l'église ; mais le temps passe si vite lorsqu'on a une bibliothèque dans sa chambre et des livres à visiter, que la journée du dimanche aurait pu s'écouler doucement dans le repos de la lecture, si je ne m'étais pas souvenu tout à coup des devoirs que j'avais à remplir.

Je sortis de chez moi vers les neuf heures du matin, et je m'acheminai sur Belleville.

Arrivé près de l'église, je fis la rencontre d'un jeune apprenti portant le tablier d'ouvrier. Il me souhaita le bonjour, en prenant une mèche de ses cheveux en signe de salut.

Je le regardai attentivement.

— Vous ne me reconnaissez pas? me dit-il en tenant la bouche à demi close, comme s'il eût voulu me montrer la double rangée de ses petites dents blanches.

— Oh! vous ne m'êtes pas inconnu, lui répondis-je; seulement je cherche où j'ai pu vous voir pour la première fois.

— Comment! s'écria l'enfant, vous avez oublié, avec ma figure, la scène qui s'est passée au marché aux fleurs entre Gustave et Victor, auquel le premier avait dérobé un jouet?

— J'y suis!... Oui! vous voulez parler du vol de la toupie... C'est donc vous qui êtes...

— Le petit voleur, parbleu!

— Gustave, ne vous donnez plus ce nom. Votre conduite, que je me rappelle parfaitement, a bien effacé la faute que vous aviez commise. Vous travaillez donc maintenant?

— J'apprends depuis trois mois l'état de menuisier.

— Quel est votre patron?

— C'est quelqu'un qui vous estime beaucoup.

— Vous me flattez, Gustave.

— Non, je répète ce que l'on m'a dit... L'autre jour, vous êtes venu à l'atelier ; j'ai fait savoir au patron que je vous connaissais. Alors il m'a raconté l'histoire d'Azor, et j'ai su que le pauvre animal aurait fait sans vous un fameux plongeon dans le canal.

— Ah! mon cher Gustave, qui aurait pu penser que je devais vous retrouver en apprentissage chez ce brave ouvrier? Je me souviens à présent de vous y avoir vu. Pourquoi ne m'avoir pas parlé?

— Dame! à l'atelier, vous savez, on est là pour faire jouer la varlope. On ne débite pas de copeaux avec sa langue. Le patron, d'ailleurs, n'aime pas les bavards. Je me suis contenté de vous saluer; mais vous ne m'avez point regardé. Çà se comprend, c'était le patron que vous veniez voir.

— Mon ami, je regrette d'avoir été impoli envers vous. Je retournerai bientôt à l'atelier, et je vous promets de vous faire mes excuses devant votre patron.

— Comment prenez-vous la chose? Ah! s'il vous plaît, monsieur, vous ne me devez pas d'excuses, ou bien vous recevrez les miennes auparavant; car c'est moi qui suis dans mon tort, puisque, vous connaissant, j'ai craint de vous parler.

— Rassurez-vous, mon cher Gustave!... Si je désire m'entretenir de vous avec votre patron, ce n'est pas pour vous faire de la peine, mais au contraire pour vous recommander à lui tout particulièrement. Désormais, je saurai que, sur la place des Trois-Communes où il demeure, j'irai voir deux amis au lieu d'un : le maître et l'apprenti.

Une légère rougeur couvrit le front de Gustave. Il éprouva une satisfaction intérieure. Je le vis regarder la provision de buis d'une marchande vers laquelle nous avions marché. Il s'en approcha. Je le laissai choisir quelques rameaux.

Lorsqu'il revint près de moi, je lui demandai ce qu'il ferait des branches de buis qu'il tenait à la main.

— Trois parts distinctes, répondit Gustave. La première branche est destinée à orner le vieux Christ en bois peint que nous possédons dans l'atelier. La seconde, je la mettrai à la tête du lit de mon père. La dernière... dit Gustave en baissant timidement les yeux, et perdant subitement la douceur de sa voix qui parut troublée... j'irai la porter au cimetière sur la tombe de ma mère.

— Vous pleurez, Gustave! Est-ce que la perte de votre mère est récente?

— Elle date de six mois tout au plus; mais je ne puis prononcer le nom de ma mère sans que des larmes s'échappent de mes yeux.

— Vous l'aimiez bien, n'est-ce pas?

— Je l'aime encore.

— Heureusement que Dieu vous a laissé votre père.

— Oui! Je me le dis souvent, pour me consoler; mais il est vieux et cassé, mon pauvre père.

— Travaille-t-il toujours?

— Du temps que nous demeurions quai Na-

poléon, avant de venir à Belleville, mon père
était ébéniste. La paralysie s'est jetée sur l'un
de ses bras. Il a été obligé d'abandonner son
ouvrage, et nous avons vécu d'aumônes pendant trois ans.

— Quelles étaient ces aumônes?

— Celles qu'il recevait des personnes qui
l'écoutaient chanter dans la rue ou dans les
cours des maisons où il entrait. Il accompa-
gnait son chant de la guitare. Vous avez dû le
rencontrer plus d'une fois dans les rues de
Belleville et du Faubourg-du-Temple. Il portait
un chapeau rond en feutre gris et une longue
barbe blanche.

— Certainement, je l'ai vu sur ma route.
J'ai même été assez heureux pour soulager
quelquefois sa misère... Chante-t-il encore?

— Hélas! depuis la mort de ma mère, il a
perdu la voix. Elle s'est glacée dans sa gorge,
comme cela arrive pour la cigale à l'approche
de l'hiver et des noirs frimas... Ma mère était
sa joie et son bonheur. C'était sa vie! c'était
son soleil! Il se croyait toujours jeune tant

qu'il la possédait, et l'été brillait pour lui au-
dessus de sa tête; mais le mois de novembre
est venu moissonner ma mère. L'hiver a blan-
chi le toit de notre maison, et mon père, en
passant la main dans ses cheveux, s'est aperçu
qu'ils étaient de la même couleur. Son front
s'est rembruni comme le temps... Là cigale n'a
plus chanté.

— Que fait-il pour vivre, votre malheureux
père?

— Il donne de l'eau bénite à l'église.

— N'allez-vous pas le voir aujourd'hui?

— Si, vraiment.

— Hé bien! nous irons ensemble.

Nous entrâmes dans l'église, et je m'appro-
chai du vieux pauvre qui, d'une main trem-
blante, me tendit son goupillon. Je lui fis l'aumône en échange de son eau bénite. Il me
reconnut. C'était un troisième ami...

— Je m'avançai dans l'église. Gustave resta
près de son père.

Il y a des jours néfastes, où tous les malheurs s'enchaînent à la fois pour nous accabler.

L'homme se sent chargé de fers qu'il ne peut
supporter. Mais il y a aussi des jours heureux, où toutes les bonnes fortunes se tiennent
par la main, pour nous offrir des guirlandes de
fleurs. J'appelle ainsi les bonnes rencontres.

J'ai dit que je pénétrai dans l'église. Il ne
restait plus de place dans la nef, et je revins
sur mes pas pour entrer dans la chapelle de la
Vierge. J'y prenais une chaise, lorsque j'aperçus devant moi ma voisine Henriette et son
grand-papa.

Le père Dumont, grave et silencieux, se
tenait debout, les bras croisés, à côté de sa
fille qui s'était agenouillée. Je touchais presque leurs habits avec les miens; car je me
trouvais tout à fait près d'eux. Toutefois, je
fis en sorte de ne pas les déranger pendant
l'office.

Le prêtre était à l'autel. On priait...

Il fallait voir le vieux militaire écouter religieusement la messe. Il ne bougeait ni plus ni
moins que s'il avait été au port d'armes.

Par instants il s'asseyait; mais il n'était jamais pris en défaut lorsqu'il fallait se lever ou se prosterner comme les assistants. Son oreille attentive lui donnait le mot d'ordre, et il observait fidèlement la consigne du devoir. Personne ne se serait douté qu'il fût aveugle.

Ma voisine Henriette lisait avec dévotion dans son paroissien. De temps à autre, elle glissait une gravure entre les feuillets dorés du livre, pour retrouver plus tard la continuation de ses prières.

Quand vint l'heure du prône, chacun ferma son livre de messe, et l'on écouta avec recueillement les paroles du prédicateur qui était monté en chaire.

J'étais vis-à-vis de cette chaire soutenue par deux palmiers dont les branchages entrelacés formaient une voûte où brillaient en dessous les ailes du Saint-Esprit.

Quels furent mon étonnement et ma joie, en reconnaissant le digne prêtre avec lequel j'avais voyagé en chemin de fer ! Oui, c'était bien l'homme qui avait pleuré sur la tombe de Germain, et qui s'était éloigné de Bonnières.

Sa parole, qui m'avait semblé défaillante lorsque dans le champ du repos il disait au revoir au pauvre Germain, n'était plus la même en ce jour de fête, à l'église. Elle était grave, sonore et remplie d'harmonie. Calme et réfléchi dans ses discours, le bon prédicateur ne pesait pas longuement ses phrases ; elles étaient naturellement sentencieuses et pouvaient se graver dans la mémoire comme les psaumes de David.

Il prêcha sur l'humilité jointe à la charité.

Son sermon produisit une vive impression sur les fidèles.

J'éprouvai, pour ma part, une sensation à laquelle j'étais loin de m'attendre, et je remerciai Dieu de m'avoir guidé dans son temple.

Je n'essaierai pas de rapporter des passages de son sermon. Il me faudrait un talent supérieur pour entreprendre une pareille tâche. On y perdrait d'ailleurs la douce éloquence du prêtre, qui sut captiver son auditoire par des inflexions de voix pénétrantes et qui remuaient toutes les fibres du cœur.

14.

Je n'ai retenu que ces quelques mots :

« Enfants de la terre, n'oubliez pas que vous y rentrerez. Que l'humilité vous guide en ce monde. Ne craignez point non plus de vous dépouiller de vos habits, pour les jeter sur la route où le pauvre doit passer. Que votre manteau ne serve point de tapis aux pieds des grands de la terre. L'homme qui s'abaisse devant les grandeurs mondaines ne parviendra jamais vers les hauteurs célestes.

« Imitez Jésus à Bethphagé. Il n'a pas craint de choisir la plus laide des montures pour faire son entrée à Jérusalem. Ne prenez pas ici-bas un coursier fringant, dont la selle soit de brocard, ornée de franges d'or et de pierreries. Aucun éclat ne vaut celui du ciel. Il n'y a point de diamant, si pur qu'il soit, qui ne fonde sous les feux ardents du soleil. L'homme n'a pas besoin de briller en ce monde pour être heureux. Il n'y a que la lumière du jour qui doit briller devant Dieu !... »

Après le prône, chacun se signa religieusement. La messe fut continuée avec tout son cérémonial; puis le prêtre qui officiait nous donna sa bénédiction, et nous quittâmes notre place.

Arrivés près de la porte de sortie, ma voisine Henriette, plus leste que moi, et qui me suivait, mouilla ses doigts dans le bénitier. Elle toucha les miens et ceux de son grand-père, en signe d'union fraternelle.

Quand nous eûmes franchi le seuil de l'église, nous nous retrouvâmes sur la place, où la foule achetait du buis bénit. Ma voisine Henriette me demanda la permission de s'y joindre.

Pendant ce temps, je causais avec M. Dumont.

— Comment trouvez-vous, me dit-il, le sermon que vous venez d'entendre?

— Fort bien, lui répondis-je.

— Moi, je le trouve admirable! exclama le père Dumont. Je n'ai jamais entendu de prédicateur aussi éloquent que celui-là. Il parle au cœur comme la voix du canon. Il m'a remué les entrailles d'un bout à l'autre, comme un boulet de quarante-huit. Sa parole n'est point tâtonnée. A la bonne heure! On dirait à sa franchise qu'il a goûté de l'état militaire.

— Y songez-vous, grand-père, de voir partout des soldats? fit observer ma voisine Henriette, qui était revenue près de nous.

Je lui répondis :

— M. Dumont a raison. Le prédicateur dont nous parlons a été officier de santé. Le secret m'en a été révélé, il y a peu de temps, par un aubergiste qui l'a surpris au lit d'un mourant.

— Là! dit joyeusement Dumont, j'étais certain, moi, que ce prêtre-là avait dû servir à l'armée... Savez-vous à quel régiment il appartenait?

— Non; mais je sais qu'il a eu un duel avec un jeune officier qu'il a pleuré comme étant son ami.

— Un duel! s'écria vivement Dumont... un duel!... avec son ami... Quel nom portait l'officier qui a péri?

— Cyprien, lui dis-je tout naturellement.

— Cyprien! répéta le vieil aveugle. Grand Dieu! le prêtre serait... Quoi? c'est le jeune chirurgien qui m'a extrait une balle de la jambe droite à la bataille de Wagram... Oui, c'est cela. Je ne me trompe pas; plus tard, il s'est battu à l'épée avec Cyprien, après avoir été lâchement insulté par lui. Je lui ai servi de témoin, et c'est moi qui ai creusé la fosse qui a reçu le corps de Cyprien. Mais comment se nommait-il donc, cet ami?... cet officier de santé qui a quitté l'armée en 1810, pour entrer dans les ordres? J'ai su tout cela dans un temps... Maudite mémoire qui fuit avec les années! J'ai beau fouiller dans ses tablettes, je n'y trouve plus le nom que j'ai connu... Aidez-moi donc à le dire, reprit Dumont impatienté.

— Je ne puis venir à votre aide, lui répondis-je; car ce nom que vous cherchez, je l'ignore.

— C'est... c'est... répétait sans cesse Dumont... Au diable la mémoire, s'écria-t-il... Ma foi, tant pis! C'est un vieux de la vieille que je voudrais bien rencontrer... Ah! comme je l'embrasserais... Et Dumont ouvrait les bras avec transport.

Sur ces entrefaites, le prêtre vint à passer... Il sortait de l'église.

J'allai au-devant de lui, et je lui fis part du désir de mon vieux voisin.

Le prêtre s'approcha de Dumont.

— Dans quel régiment avez-vous servi? lui demanda-t-il.

— Dans la garde.

— Votre main.

— La voici.

— Pressez la mienne, reprit le prêtre.

— C'est fait, mon officier.

— Je n'en ai pas besoin davantage pour te reconnaître, mon vieux compagnon d'armes : tu es Dumont.

— Ah ! que je suis joyeux ! Il m'a reconnu ! Je suis pourtant bien changé depuis quarante-trois ans que vous ne m'avez vu, mon officier. Il faut que je vous embrasse.

— Pauvre Dumont ! je ne pensais pas te retrouver. Je suis content; mais je te plains cependant : car, moins heureux que moi, Dieu t'a privé de la lumière, et tu ne peux plus me voir.

— Vous vous trompez, mon officier, je vous vois avec le cœur.

— Bien dit ! Dumont, tu ne fais pas de phrases, mais tu parles mieux que moi.

— Excepté quand vous êtes en chaire, répliqua Dumont.

— Tu as donc eu du plaisir à écouter mon sermon ?

— Du plaisir ! Qu'est-ce que le plaisir ? Autant en emporte le vent. J'ai ressenti mieux que cela à l'église. La preuve en est, c'est que j'ai pleuré ! Oui, j'ai pleuré en moi-même, comme je pleurais autrefois en entendant la voix du petit caporal.

— Voudrais-tu renouveler ta satisfaction ?

— Certainement, reprit le vieux soldat.

— Eh bien ! je te donne rendez-vous dimanche prochain à l'église Saint-Sulpice... C'est un peu loin d'ici.

— J'irais au bout du monde pour vous entendre...

Je venais d'assister à la reconnaissance d'anciens amis. Cette scène m'avait touché. J'aime le sentiment partout où je le rencontre. Toutefois, comme l'emploi de ma journée n'était qu'à moitié rempli, je jugeai convenable de laisser mes bons voisins s'entretenir amicalement avec le prêtre, et je m'éloignai d'eux après leur avoir adressé mes compliments.

Je revins chez moi. Le concierge m'attendait pour me donner une lettre que le facteur lui avait remise pendant mon absence. Cette lettre, que je pris avec soin, était recouverte d'une enveloppe blanche portant très-lisiblement mon adresse. Son parfum m'invitait à l'ouvrir.

Tout en remontant l'escalier, je cherchais à deviner de quel endroit l'on m'écrivait ; mais le timbre était illisible. L'affranchissement seul me fit comprendre que la lettre venait de Paris. Un cachet de cire bleue fermait l'enveloppe. Il contenait les initiales P. B. Ces initiales me semblaient celles de noms inconnus; je brisai vivement le cachet en entrant dans ma chambre.

Voici ce que contenait la lettre dont les caractères étaient tracés par une plume de femme qui m'écrivait pour la première fois.

« Monsieur et cher protecteur,

« Jusqu'à ce jour, mon mari et moi, nous n'avons rien eu à solliciter de votre bienveillance. Elle a toujours été au-devant de nos désirs. Mais une circonstance résultant du mariage m'oblige à vous adresser une demande qui m'embarrasserait si je devais vous la faire de vive voix.

« Il s'agit de vous prier de vouloir bien être le parrain de l'enfant que Dieu doit nous envoyer dans quelques mois.

« Ma lettre vous laisse libre de votre réponse, tandis que si j'étais allée vous voir, mon cœur aurait été peiné du refus que vous pouvez opposer à ma demande.

« Si vous daignez l'accueillir, mon mari s'empressera d'aller vous remercier, et le nom que vous donnerez à notre enfant sera un nouveau bienfait dont je vous témoignerai toute ma gratitude.

« Votre petite protégée,

« PAULINE BERNARD. »

« P. S. La santé de mon père laisse beaucoup à désirer. Ses facultés intellectuelles s'éteignent de jour en jour, comme sa vue. Il reste froid à nos jeux et à notre gaieté. Mes larmes le trouvent quelquefois insensible. Cela me chagrine beaucoup; car mon père n'est pas d'un âge très-avancé. Venez le voir. Il m'a parlé de vous; votre visite lui fera plaisir ainsi qu'à nous. »

— Vous pouvez compter sur moi, ma chère Pauline! dis-je en mettant la lettre sur mon bureau. Oui, j'irai vous voir, et je vous porterai ma réponse, qui ne sera pas un refus. De quelle manière m'y prendrais-je pour le motiver, ce refus? Je n'ai aucun motif pour ne point accueillir votre demande. Vous m'avez toujours regardé comme votre second père; je veux être aussi celui de votre enfant. Qu'il soit béni, ce rameau naissant, et qu'il s'attache à la branche avant la mort du vieil arbre!

Que le grand-père puisse jouir du baiser du petit enfant!

Telle est la vie ici-bas. Le vieux tronc n'échappe pas à la mort, mais il revit dans le frêle rejeton qui lui succède et qui, plus tard, est remplacé lui-même par ses enfants.

Les hommes passent les uns après les autres comme les grains de sable tourmentés par le vent, mais l'humanité ne périt pas : c'est l'arbre de buis toujours vert, dont les feuilles se renouvellent au fur et à mesure qu'il en tombe.

En jetant un dernier coup d'œil sur la lettre de Pauline Bernard, je trouvai sur mon bureau une autre lettre toute grande ouverte, et que j'y avais placée à dessein.

Cette lettre, émanée de la mairie, me donnait l'autorisation de me présenter dans certaines maisons de ma circonscription pour y faire une quête au profit des malheureux.

Un de mes voisins m'était adjoint pour coopérer à cette œuvre de charité, et je l'avais prié de venir me prendre, chez moi, à une heure.

Il fut exact au rendez-vous.

Je lui remis un petit sac de toile grise, destiné à recevoir les produits de la quête, et j'eus le soin d'y déposer mon offrande, à laquelle mon caissier s'empressa d'ajouter la sienne. Nous nous mîmes ensuite en route.

Il n'est pas nécessaire de dire le nombre d'escaliers étroits, tortueux et malpropres qu'il nous fallut monter, et celui des portes auxquelles nous frappâmes le plus souvent sans résultat satisfaisant. Mais le lecteur saura qu'en travaillant pour les pauvres inscrits à l'état de la mendicité, nous découvrîmes bien des misères cachées. Je fus tenté plus d'une fois de recevoir d'une main pour donner de l'autre... Nous rencontrâmes aussi beaucoup de cœurs ouverts, mais une infinité de bourses fermées. Parmi les gens qui nous reçurent, les uns à leur porte, les autres dans leur appartement richement meublé, il y en eut qui surent trouver de fausses excuses pour ne rien donner.

Nous les acceptions comme valables, ces excuses malsonnantes, et nous poursuivions notre tâche sans nous décourager.

La fatigue du corps seule aurait pu ralentir notre marche, mais on disait à part soi : le mal que nous nous imposons a son but moral. D'ailleurs sa fin approche. Encore un peu de patience, et notre sac s'emplira.

Nous étions arrivés à notre dernière étape. Une maison d'une assez belle apparence nous restait à visiter, et nous allions nous approcher de l'escalier, lorsque la concierge nous arrêta au passage.

— Où allez-vous, messieurs ?

Le motif de notre entrée lui fut expliqué. Elle eut alors pour nous une grande politesse, et nous donna des renseignements sur les êtres de la maison.

— Ne vous arrêtez pas au premier étage, nous dit-elle. L'un des appartements est vacant, l'autre est occupé par le propriétaire ;

mais il sait qus vous devez venir aujourd'hui, et la bonne a reçu l'ordre de ne pas répondre, si l'on sonne à la porte.

— Fort bien! lui répondis-je. Et le second étage?

— Le second a deux locataires. Je ne connais pas leurs intentions.

Au troisième étage, ce sont des artistes. Leur bourse ne doit pas être bien garnie.

Au quatrième, il y a des modistes, une couturière et une lingère. Vous pourrez entrer chez elles; les clefs sont sur les portes.

Au cinquième étage se trouvent les mansardes. Elles sont occupées par un savetier et une marchande de mouron. Les greniers sont à côté d'eux.

— Nous sommes suffisamment renseignés, dis-je à la concierge; il nous reste à vous remercier.

— Je suis là pour vous répondre si quelque chose vous embarrassait, reprit-elle.

Nous montâmes l'escalier sans nous arrêter devant la double porte piquée du premier étage; mais nous frappâmes aux portes de l'étage supérieur.

A la première de ces portes, quelques paroles inconvenantes nous furent adressées. On refusa de nous ouvrir, sous prétexte qu'on gardait un enfant malade.

La seconde porte nous fut ouverte. Un jeune homme vêtu en robe de chambre nous reçut fort galamment; mais, dès qu'il eut connaissance de l'objet de notre visite, il nous apprit d'un ton ironique qu'il avait l'habitude de faire ses aumônes lui-même.

— Je vous connais parfaitement, me dit-il, et je sais que vous êtes incapable de détourner l'argent des pauvres; mais je vous refuse, parce que je ne suis pas suffisamment éclairé sur l'emploi de cet argent quand vous en aurez fait le versement.

— Montons plus haut, dis-je à mon caissier; nous serons peut-être mieux compris.

Un artiste vint à nous. Il tenait un rasoir à la main. Sa figure, couverte de savon, avait un aspect vénérable.

— Excusez-moi d'être allé au-devant de vous en cet état peu présentable. Madame est dans la chambre voisine. Entrez, elle vous recevra...

Madame était dans son lit. Je crois qu'elle étudiait quelque rôle de comédie.

— Soyez les bienvenus, messieurs. Je me doute de ce qui vous amène ici... Ouvrez le tiroir de cette commode, je vous prie... Pardon de la peine, ajouta-t-elle, quand j'eus obéi... Prenez une pièce blanche qui s'y trouve à gauche. C'est le don que je fais aux pauvres. Les gros sous qui me restent dans ce tiroir ne sont pas dignes de vous être offerts.

Le don fut inscrit sur une liste que j'avais dressée. J'allais me retirer, après avoir fait un salut à la dame, lorsqu'elle me dit :

— Ce n'est pas tout, veuillez tirer le bouton de ce second tiroir. Vous y trouverez une autre pièce de monnaie, que je vous invite à accepter de la part de nos voisins. Ils sont à la campagne. Ils nous rendront ce prêt à leur retour, si nous songeons à le leur réclamer. Je crois qu'ils auraient agi comme nous en pareil cas.

Deux aumônes pour une, c'était charmant. Mon cœur était satisfait, et celui de la dame n'éprouvait aucun regret. Cependant l'intérieur du logis ne répondait pas aux élans généreux de ses hôtes. Nous en sortîmes en faisant cette réflexion, que la générosité ne connaît point la gêne.

Au quatrième étage, notre récolte ne fut pas moins bonne. Les locataires y étaient nombreux ; la recette s'en ressentit.

Chaque ouvrière donna son obole à Dieu.

Nous nous décidâmes ensuite à gravir l'échelle de meunier du cinquième étage.

Dans la chambre du savetier, aucun siége n'existait pour recevoir les visiteurs ; mais nous y trouvâmes du bon sens à côté de la pauvreté.

— Les petits ruisseaux font les grandes rivières, nous dit le bonhomme en cessant de battre la semelle. J'ai dix centimes dans la poche de mon gilet. Je vais vous les donner.

Vous les joindrez à ce que vous avez reçu de gens plus riches que moi. Mon offrande est bien minime; mais si vous l'acceptez, il ne sera pas dit que j'ai refusé de faire l'aumône.

Le don du savetier fut accueilli.

Il nous restait à voir la marchande de mouron.

C'était une vieille au teint hâlé par le soleil, portant une camisole brune et un jupon bleu, dont la couleur avait passé avec le feu de plusieurs étés.

On gelait dans la chambre de la pauvre vieille. Son mobilier se composait d'un lit de sangle, d'une hotte garnie de mouron frais cueilli, et d'un panier d'osier commun. Un pot de grès rouge lui servait de fontaine. Sur le couvercle, elle avait mis sécher quelques épis de millet.

Quand nous entrâmes, elle était occupée à lier une botte de mouron avec des brins de paille.

— Mes bons messieurs, qu'y a-t-il pour

votre service? nous dit-elle. Ce n'est sans doute pas du mouron que vous venez chercher?

— Nous quêtons pour les pauvres, lui fut-il répondu et nous n'aurions peut-être pas dû vous déranger.

— Pardonnez-moi, messieurs, reprit-elle. Je veux faire comme tout le monde. J'ai assez bien gagné ma vie ce matin, en récoltant dix-huit sous. Combien vous faut-il?

— Ce que vous nous offrirez.

— En donnant le tiers de mes bénéfices aux pauvres, est-ce assez?

Je lui fis observer que la somme dont elle faisait l'abandon me paraissait un peu forte relativement à ses moyens.

— Non, non, s'écria-t-elle, ce n'est pas de trop pour l'amour du bon Dieu. Le mouron que je récolte sur mon chemin n'est pas à moi. Si je le vends, il ne faut pas que l'on me reproche de l'avoir cueilli pour les riches et qu'il ne s'en échappe aucun grain pour les pauvres. Prenez, prenez mon aumône!... Demain, le produit de la vente couvrira ma dépense d'aujourd'hui... Voyez quelle belle marchandise je prépare !

Et la vieille nous faisait admirer son mouron.

— Il est bien beau, effectivement.

— Ah ! si vous connaissiez mon fils, répliqua-t-elle, c'est lui qui est beau, à la bonne heure !

Cette répartie nous fit sourire.

— Que fait-il, votre fils?

— Il est artiste dramatique, répondit la vieille, en relevant fièrement la tête.

— A quel théâtre?

— Dame! ça dépend des engagements. On n'est pas toujours employé au même théâtre. Il est en ce moment à la Gaîté.

— Ses appointements sont-ils élevés ?

— Il gagne plus de trois mille francs par an.

— Ce doit être alors un sujet remarquable.

— Très-remarquable, messieurs, et son nom

est connu de tout Paris... Tenez! tenez...
dit la marchande de mouron en prenant un
journal qui se trouvait sur le coin d'une
petite table que nous n'avions pas vue au
pied du lit; lisez cet article-là! Vous me
direz si mon fils est aimé du public, et s'il a du
talent.

Le nom vanté dans le journal nous était
connu. La vieille fut heureuse de nous l'entendre dire.

— Comment se fait-il, ajoutai-je, que
votre fils, avec les ressources de son art,
vous laisse courir dans les rues, la hotte sur
le dos et un panier de mouron ou de millet au
bras?

— Mon fils est la perle des hommes! Il me
donne souvent des petites douceurs, mais il
n'a pas toujours des mille et des cents à sa
disposition. Les artistes, vous savez, ça vit
dans le grand, et ça fait des dépenses. On représente le luxe au théâtre; il ne faut pas que
l'on aille tout nu à la ville. Mon fils a des bottes
vernies et des gilets de velours. Moi, j'aime à

le voir bien mis d'abord, ce pauvre garçon!
Quand il veut se priver pour moi, je le lui dé-
fends. J'ai de quoi vivre, mon enfant, que je
lui dis chaque jour. Tu viens me voir, ça me
suffit. Pourquoi rougirais-je de mon état, puisque tu ne rougis pas de moi? Ton existence
n'est pas la mienne, mais ton bonheur est le
mien! Tes succès font la gloire de ta mère!...
Oui, messieurs, c'est ainsi que je lui parle, dit
la vieille en pleurant : mon fils est mon seul
bien. C'est lui qui est mon idole et non pas
l'argent. Si j'en avais, de l'argent, je sacrifie-
rais tout pour mon enfant! ·

Pauvre marchande de mouron! ses accents
remplis de franchise et de naïveté retraçaient
bien à notre cœur les doux élans de l'amour
maternel. Nous quittâmes à regret sa mansarde.

Quand nous fûmes en bas du grand escalier,
nous nous arrêtâmes devant la loge de la concierge.

— Venez vous reposer, nous dit cette dernière; vous paraissez bien fatigués.

La loge d'un portier ne m'a jamais fait détourner la tête. C'est un des refuges de la pauvreté. Il n'y a pas lieu de mépriser cette loge, du moment où l'honnêteté s'y rencontre et n'a point d'autre abri.

Nous descendîmes une marche pour entrer chez la concierge, qui s'empressa d'avancer des siéges. Nous nous assîmes.

Un fond de propreté régnait autour de nous. Il n'y avait pas ce luxe que certains régisseurs déploient dans leur loge de portier, et la cheminée n'était point rehaussée d'un velours cramoisi; mais elle supportait une pendule d'un heureux choix, et deux petites coupes imitant le verre de Bohême.

Une peinture irréprochable se trouvait non loin du lit : c'était un portrait d'homme d'une physionomie distinguée. Au-dessous de ce portrait, on en voyait un autre au daguerréotype sur plaque retraçant les traits délicats d'une jeune fille.

La commode en acajou qui faisait face au lit était surmontée d'une glace dont la do-

rure du cadre avait encore certaine fraîcheur.

Nous examinions ce modeste ensemble avec
satisfaction, lorsque la concierge nous demanda
si nous étions contents de la récolte que nous
avions faite dans la maison.

Sur notre réponse affirmative, elle ajouta :

— Vous n'avez sans doute pas lié complète-
ment l'entrée du sac que vous tenez à la
main... J'espère qu'il s'ouvrira pour recevoir
aussi mon aumône. Je n'ai pas perdu mes anciennes habitudes charitables. La fortune a pu
m'abandonner, mais mon cœur ne s'est point
appauvri.

Parlant ainsi, elle prit une pièce de cinq
francs dans l'une des tasses de porcelaine
qui ornaient sa commode, et nous la présenta.

— Je vous offre, dit-elle, ce qui m'a été
donné ce matin à titre de denier à Dieu. C'est
le denier du pauvre; il sera bien placé dans
votre bourse.

Je priai la concierge de me dire son nom.

— Il faut donc se nommer pour faire le bien?
me fit-elle observer avec une petite moue si-
gnificative.

— Toute offrande est inscrite sur notre liste,
lui répondis-je.

— Si le nom doit figurer en face de la
somme, je me soumets. Écrivez, s'il vous
plaît... Madame Durand.

— Mon Dieu! madame, lui dis-je alors, c'est
peut-être une indiscrétion bien grande de ma
part que de vous questionner sur un point que
je désirerais éclaircir... Mais n'auriez-vous pas
connu Mme de Beaulieu?

— J'ai été son amie, monsieur.

— Vous alliez souvent chez elle?

— En soirée.

— Parfaitement. Et je vous y ai vue.

— Il y a quatre ans de cela, n'est-ce pas?

— Tout au plus. Votre mari vous y accom-.
pagnait ainsi que votre jeune fille.

— Oui, monsieur. Mais depuis l'époque que
vous rappelez à ma mémoire, il s'est passé
bien des événements.

— Auriez-vous perdu quelqu'un ?

— Mon mari d'abord, ma fille plus tard.

— Vous nous avez fait savoir tout à l'heure que la fortune vous avait abandonnée ; cependant M. Durand occupait une position assez belle, d'après ce que j'ai su de Mme de Beaulieu ?

— L'emploi de mon mari s'est éteint avec lui, et nous n'avions pas eu le temps de faire des économies. D'un autre côté, l'éducation de ma fille demandait quelques sacrifices. Nous les avons faits. Notre position sociale ne nous permettait pas d'agir étroitement comme les gens qui sont dans la gêne. Il y a des dépenses obligatoires. Nous donnions aussi de petites soirées intimes à nos amis.

— Et maintenant, madame ?

— Je suis portière, monsieur, et je n'en rougis pas. Je ne crains pas non plus de rappeler en quelle circonstance j'ai dû prendre cette détermination.

C'était en 1849. Le choléra sévissait fortement dans le quartier. J'occupais un appartement au premier étage de cette maison, et ma chambre à coucher se trouvait précisément au-dessus de la loge de la concierge.

Une nuit, je fus réveillée par les plaintes de cette concierge. Craignant de jeter l'alarme chez moi, je me levai avec précaution, et je descendis dans la loge où je vous reçois aujourd'hui.

La malheureuse femme qui m'avait appelée à son secours se plaignait de violentes coliques. Je lui prodiguai les soins les plus empressés. Le thé, les fers chauds, et tout ce qui est usité en pareille circonstance, rien ne fut ménagé; mais rien ne put ramener la chaleur dans les membres glacés de la pauvre concierge qui rendit le dernier soupir entre mes bras.

Cette mort déplorable m'avait vivement impressionnée. Un autre événement m'attendait chez moi.

Je m'étais recouchée vers les six heures du matin, lorsque mon mari fut tout à coup pris du même mal que celui qui venait de frapper la concierge. En deux heures, il succomba sous les yeux de deux médecins expérimentés, qui n'eurent pas le pouvoir de le sauver.

Ma position devenait affligeante sous tous les rapports. Je perdais, d'une part, l'époux que j'aimais et dont le cœur m'était dévoué, et de l'autre, le pain quotidien que mon mari savait gagner courageusement.

Ma fille avait seize ans. Je songeais à lui donner une profession; mais jusqu'alors elle n'en avait pas. Le présent me préoccupait donc vivement.

Le propriétaire de la maison m'offrit de prendre ma fille avec lui, et de lui faire un sort. Mais les yeux d'une mère lisent partout. Je crus lire dans le regard de ce propriétaire une proposition déshonnête. Je la repoussai avec indignation.

— Monsieur, lui dis-je, il va falloir que je vende mon mobilier pour payer le terme qui vous est dû. Je vais rester sans pain et sans asile. Vous pouvez, par une action loyale et dont je vous saurai gré, me garder dans votre maison. La loge de concierge est restée vacante. Si vous daignez m'en laisser prendre possession, je m'engage à remplir avec zèle tous les devoirs qui me seront imposés dans l'emploi que j'accepte avec les gages de l'ancienne titulaire. Vous pouvez compter sur mon dévouement.

Le propriétaire ne voulait pas consentir à ma demande.

— Que dira-t-on de vous dans la maison? s'écria-t-il. Vous y étiez connue, et l'on vous méprisera. Vous descendez le dernier degré de l'échelle sociale.

— Le dernier échelon de l'ordre social, lui répondis-je, c'est le déshonneur!

Or, l'emploi qui fait vivre honnêtement son maître ne le déshonore pas.

Il y a de l'orgueil à vouloir rester sur le trône lorsque le sceptre est à nos pieds. Il faut savoir se baisser pour le ramasser... Chacun a son sceptre ici-bas. L'écrivain a sa plume, et l'artiste son pinceau. Le balai est le sceptre de la pauvreté. Je serai portière !...

J'ai fait mon devoir, messieurs... Personne ne m'a.blâmée.

Ma fille a tiré le cordon comme moi. Elle n'a pas rougi de sa misère. Cette fille bien-aimée m'a quittée pour toujours, hélas ! Le ciel m'en a privée; mais il lui a donné sans doute une place dans son sein...

Ce que venait de raconter Mme Durand n'ajoutait rien à ma conviction qu'il y a de grandes et belles âmes qui savent souffrir noblement sur la terre , mais la conduite de cette femme courageuse avait répandu un baume salutaire dans mon cœur. Je n'avais pas été seul à comprendre ce qu'il faut de force et de résignation pour accomplir une œuvre semblable. Mon compagnon en était émerveillé. Il regardait l'humble concierge avec un sentiment de vénération. Il lui fit ses adieux avec des larmes dans la voix.

Quand nous fûmes sur le point de nous séparer, il me dit ces paroles :

— La journée du dimanche nous a donné de riches enseignements. Convenons que la lecture d'un livre bien écrit a des charmes puissants sur l'esprit, mais que la lecture du cœur humain, lorsque ce cœur est bon, sensible et généreux, a des pages dont les caractères sont ineffaçables.

TABLE

—

PARIS. — IMPRIMERIE DE J. CLAYE, RUE SAINT BENOIT, 7

OUVRAGES DU MÊME AUTEUR

CENT ET UNE FABLES. Troisième édition, augmentée de soixante nouvelles fables, d'une préface par M. Fertiault, de la Société des gens de Lettres, et d'une lettre de M. Viennet, de l'Académie Française. 1 beau volume in-8°, orné de huit jolies gravures. Prix. . . . .   3 fr.

BOUQUET DE PENSÉES. 1 volume in-18, sur papier riche, orné d'une vignette. Prix. . . . .   75 c.

VOYAGE A MON BUREAU (*Aller et Retour*). 1 volume in-18 sur papier glacé, satiné, avec illustrations. Prix. . .   1 fr.

NOUVELLES EN WAGON. 1 volume grand in-18 sur papier glacé, satiné, contenant : *Le mariage de ma Fille.* — *La partie de Dominos.* *L'horloge de Béranger.* — *Ma Cousine.* — *Le Nain jaune.* Prix. . . . .   1 fr.

LA PHILOSOPHIE DU CŒUR, ou *la Semaine anecdotique*; 1 fort volume in-18 grand format, sur beau papier jésus, glacé, satiné. Prix. . . . .   2 fr. 50

La même Édition, avec portrait de l'auteur tiré sur papier de Chine. Prix . . . .   3 fr.

EN PRÉPARATION

NOUVEAU RECUEIL DE FABLES, divisé en deux parties contenant chacune : *Cent et une fables.* Quatrième édition.

Paris. — Imprimerie de J. CLAYE, rue Saint-Benoit, 7.